新IP大趋势

焦 娟 冯静静 毛永丰 ◎ 著

中国出版集团
中译出版社

图书在版编目（CIP）数据

新 IP 大趋势 / 焦娟, 冯静静, 毛永丰著. -- 北京：中译出版社, 2023.5
ISBN 978-7-5001-7404-2

Ⅰ.①新… Ⅱ.①焦… ②冯… ③毛… Ⅲ.①信息经济—研究 Ⅳ.① F49

中国国家版本馆 CIP 数据核字（2023）第 066235 号

新 IP 大趋势
XIN IP DA QUSHI

著　　者：焦　娟　冯静静　毛永丰
策划编辑：于　宇　方荟文
责任编辑：方荟文　于　宇
文字编辑：方荟文　田玉肖
营销编辑：马　萱　纪菁菁　钟筏童

出版发行：中译出版社
地　　址：北京市西城区新街口外大街 28 号 102 号楼 4 层
电　　话：（010）68002494（编辑部）
邮　　编：100088
电子邮箱：book@ctph.com.cn
网　　址：http://www.ctph.com.cn

印　　刷：北京中科印刷有限公司
经　　销：新华书店
规　　格：880 mm×1230 mm　1/32
印　　张：8.875
字　　数：147 千字
版　　次：2023 年 5 月第 1 版
印　　次：2023 年 5 月第 1 次印刷

ISBN 978-7-5001-7404-2　　　　定价：79.00 元

版权所有　侵权必究
中　译　出　版　社

推荐序一

泛舟新浪潮

2022年底,OpenAI发布以人工智能技术驱动的自然语言处理工具ChatGPT,一时间,针对人工智能的讨论和思考热潮席卷而来。在极短的时间内,我们目睹了人工智能给对话场景和内容生产场景带来的体验革新和效率提升,也重塑了我们对人工智能的概念认知和价值评判。可以预见,人工智能将对生产工具、生产组织方式和思维模式产生巨大的冲击。

本书从新IP、虚拟数字人和NFT等融合发展的角度来阐述和展望文化创意产业将要面临的革新。在阅读的过程中,常有"言必有中"之感,且不乏惊喜。IP本就是文化创意产业中吸引受众、提升商业价值的核心推动力。在人工智能时代背景之下,虚拟数字人将重建人机交互方式和内容生产流程机制;NFT则将重塑数字化内容的所有权和价值体系。这些新技术、新生产方式和新价值体系的协同兴起,让新IP的孵化和商业价值提升变得更加高效和透明,为文化创意产业的发展提供了更加广阔的空间，同时引发我们对人类智慧和文化价值的全新思考。

作为文化产业的从业者，在过去的二十年里，变革对我们而言并不陌生。从互联网、移动互联网、VR/AR/XR 到 Web3.0，这些新技术和新平台横空出世之时，我们常常处于混沌之中，或为之惊叹，或生出忧愁。但经验也告诉我们，浪潮来临之时，总有新大陆在远方跃升而起。作为想要在浪潮之上泛舟远行的我们，拥抱变化、关注趋势、不断学习和保持思考的积极状态，是我们开辟新航路必不可少的罗盘。中国科技创新行业正在经历一个大变革的时代，IP 与人工智能等前沿科技的结合必将给文化产业带来新的浪潮，让我们一起走进《新 IP 大趋势》这本书，泛舟新浪潮，共同发掘新 IP 的无限可能。

张　炜

中国文化产业投资母基金管理有限公司

推荐序二

IP、NFT、ChatGPT 与虚拟人
——文娱行业的春天

本书相当贴近热点，简直就是热点本身，将当下最时髦的概念与事物——IP、NFT、ChatGPT 几乎一网打尽。而且，这些概念和事物并不是被生拉硬套地拼凑在一起，因为它们本质上是强相关的。

IP 是一个讲了挺多年的概念，作为人的 IP、作为内容的 IP，以及作为品牌和商品的 IP，几乎已经成为现代社会与经济生活中的核心词，成了"点石成金"的魔法棒。

NFT 作为此前区块链与加密资产领域的新事物，与文娱行业打通，风头一时无两；又被置入 Web3.0 和元宇宙的大概念中，让人们对文娱产业的未来多了很多憧憬，仿佛是行业的一剂解药。

2023 年开年，OpenAI 和 ChatGPT 如一阵旋风，摧枯拉朽式地席卷了全世界，让科技界、创业界和投资界，甚至普罗大众激动至几乎癫狂，直呼"类似蒸汽机、印刷术那样的科技革

命和工业革命来了"！甚至有专家学者，开始讨论人类的灭亡和机器智能的崛起。

不可否认的是，人类历史上破天荒的科技与产业革命，有相当多都与信息处理有关。从最早开口说话，到文字出现，到印刷术诞生，再到互联网在电商之前的核心创新，都是信息技术和内容生产的革命。回到我们的主题，今天的科技爆发，发展到虚拟人这里，似乎呈现了终结一切的架势。

在人工智能这个大概念下，历史似乎要终结了，人工智能从人类的助理，到一步步代替人类的很多智能，最初实际上是从"接龙"开始的——语言和语义的联想、分析与接龙。

看完本书，我们可以对当下最热门的事件有一个全面深入的了解，并且展开对自身和所从事工作的思考：在这场潮流革命里，我能干什么？我会被替代吗？作者作为证券研究团队的骨干，在这么短的时间里，能够对这个行业进行全面梳理和思考，看来平日的积累颇多。

只要这本书，暂时还不是 ChatGPT 代劳的就好。读者朋友可以自己移步看内容，做判断。

熊三木
合鲸资本创始人

自 序

AI 与 NFT，联手打造数字智能时代的新一轮 IP 孵化与商业化

IP 是一种辨识度，是存在，是主体，是在一定范围内顺畅流通的记忆符号。

IP 可以是明星、艺术品、畅销书、特色物产，甚至可以是一种颜色、一个 LOGO。究其成因，它是人身上最深刻的创造力的显现与流通——创造、显现、流通是成就 IP 的共同推手。

科技大爆发，绝不是为了作用于当下的任何存在，它作为生产力／工具，聚集共识之士，升腾出未来时代流通的新符号——新 IP！

数字智能时代，AIGC 作为最先进的生产力，ChatGPT 作为爆款工具，正在聚沙成塔，建成新生态。未来这片磅礴的生态里，奔流不息的将是全新的 IP。过往的 IP 是人自身的创造，创造者的数量虽不至于凤毛麟角，但仍是少数；新 IP 是人与 AI 的共同创造，在 AI 强大的助力下，创造者规模将前所未有地壮大。

这里还有一项细微但意义重大的变化：人与 AI 的共同创造，刚开始是人以 AI 为工具，提升创作效率；随后是人配合 AI 的创造，为其保驾护航；最后，则是人与 AI 合二为一——将人的虚拟人接入 ChatGPT，释放出所有人的巨大创造潜力。

AIGC 的变革意义堪比活字印刷术的诞生。由传统 IP 到新 IP，这是一条让人热泪盈眶的"平权"之路，它赋予每个人使用过往不可想象的各类高端工具的权利，点燃每一个普通人内心深处关于创造的"星星之火"。这一幅燎原之势，正是本书所描述的"新 IP 大趋势"，未来将迎来新一轮 IP 孵化与商业化。

NFT 是数字智能领域的"魔法棒"，它赋予所有数字内容以"资产"的价值，极大地撬动了数字内容的流通。NFT 与 AI 相辅相成，共同作用于未来各类 IP 的孕育与孵化，重塑并优化入局企业的"三张报表"，进而催生出一类行业"新贵"——商业化变现能力突出的平台型公司。

在 AI 与 NFT 共同构建的数字智能大舞台上，人与 AI 联手打造的新 IP 层出不穷、精彩纷呈。以商业化平台型公司为代表的诸多入局方，其襄助新 IP 商业化的过程如同一幕幕精彩的舞台剧，即将演绎出数字智能未来的大时代！

目 录

第一章

虚拟人：交互世界的新物种

第一节　人 VS 人的数字人、虚拟数字人、机器人 · 006

第二节　人的数字人：分身与化身 · 011

第三节　机器人：虚拟数字人在现实物理世界的显现 · 016

第四节　人与人的交互 VS 新增 6 类交互 · 023

第二章

NFT 的魔法棒：从数字内容到数字资产

第一节　NFT：数字世界的"注册制" · 054

第二节　NFT 机制：金融属性最为突出 · 065

第三节　NFT 是元宇宙世界运行的精髓 · 075

第四节　NFT 作用于"未来"的魅力更大 · 083

第三章
虚拟人的重大意义

第一节　人进入元宇宙的身份　·　092

第二节　又一轮匿名化社交的开始　·　097

第三节　AI 的定向产业化：AI 生成与驱动　·　103

第四节　元宇宙基础设施建设的"圆心"　·　124

第五节　AIGC：虚拟人的创作　·　127

第四章
NFT 的魅力：孵化与孕育未来的各类"明星"

第一节　向前看：孵化与孕育"新明星"　·　132

第二节　旧有的"IP＋NFT"模式效用仅能发挥出四分之一　·　146

第三节　NFT 的交易链条越长，价值重估空间越大　·　151

第四节　警惕顶级 IP 的过度泡沫化　·　165

第五章

虚拟人与 NFT 对当下的重构：重塑企业的"三张报表"

第一节 虚拟人作为未来的"明星"：在资产负债表的"资产"而非"商誉"中 · 174

第二节 虚拟人制作：企业"成本"的升与降 · 181

第三节 NFT 的价值重估作用：放大资产负债表中"资产"的量级 · 186

第四节 NFT 将带来丰沛的经营性现金流 · 192

第六章

新 IP 探索的地形图

第一节 虚拟人与 NFT 的运行背景 · 200

第二节 虚拟人的两大应用方向：赋能、IP 孵化 · 208

第三节 入局方存在的误区 · 222

第四节 NFT 将成为所有人和企业的标配业务 · 224

第七章
虚拟人与NFT的交叉：新一轮的IP孵化与商业化

第一节　IP孵化：专业度、辨识度、局部影响力 · 234

第二节　新一轮IP将彻底区别于过往的"好莱坞IP" · 237

第三节　IP商业化门槛急剧提高 · 248

第四节　商业化平台类公司：新贵崛起 · 257

第五节　AIGC将助力新一轮的IP孵化与商业化 · 260

后　记 · 265

第一章

虚拟人：交互世界的新物种

对于当下的入局方而言，数字智能时代最大的变数，是用户种类从单一的"人"转变为人、人的数字人、虚拟数字人、机器人的并集。这4类用户能衍生出6类交互方式：人与人的数字人的交互、人与虚拟数字人的交互、人与机器人的交互；人的数字人与虚拟数字人的交互、人的数字人与机器人的交互；虚拟数字人与机器人的交互。

中国最古老的神话传说"女娲造人"在数字智能时代将真正成为现实——外显为机械装置的机器人正根源于"土生金"中的土元素，数字智能时代为何会有机器人这样的交互物种？

数字智能时代是人类科技、文明史上前所未有的"大变革"，堪称"数字版的大航海时代"，且第一次针对人的意识进行开发,而非针对外部物理世界。

从科技的逻辑架构上,元宇宙是实现真正智能的路径之一,即重构一套新的时空,打造真正智能的虚拟人。虚拟人是相对于"人"的新物种,从这个角度看,新物种不仅包括虚拟人(人的数字人、虚拟数字人),也包括机器人(现实物理世界中的机器人,在元宇宙中一定会有虚拟形象)。"人"在元宇宙时代,其软件、硬件均需要升级,因为实现混合平台需要的技术路径之一,即以"人"为硬件载体。元宇宙对"人"的挑战,是"人"的软件需要适配升维的虚拟现实(元宇宙);智能的真正实现,亦需要"人"的硬件的迭代(甚至是重塑)(图1-1)。

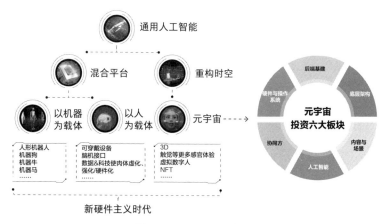

图 1-1 元宇宙研究框架

元宇宙的技术路径目前仍在积极探索中，主流的技术路径是作用于视觉的硬件入口，但不乏作用于听觉、触觉硬件入口的尝试。所有技术路径的目标均是实现虚拟现实，即技术作用于人，让人在意识中真正模糊虚拟与现实之间的边界。技术路径虽未定，但以终为始，技术方向确定是由互联网时代的图文（2D）升维为视频（3D），在视觉、听觉硬件的基础上再增加触觉甚至味觉、嗅觉硬件。从用户的角度看，互联网时代的个人计算机（PC）、智能手机貌似已经成为人的一部分，努力去拉近人与网络（虚拟世界）的距离。虽然在努力拉近，但最多只能去靠近、逼近；元宇宙则是将用户直接拉进虚拟世界中。因此，虚拟人的职能，首先是作为人的数字人，肩负着将人拉进元宇宙的使命；其次是作为现实物理世界中不存在实体的虚拟数字人，其存在的底层逻辑在于广泛、普遍承接 2D 升维成 3D 的交互界面的"圆心"。

机器人看似不在虚拟人的讨论范畴里，但它的存在对元宇宙的构建非常重要。在元宇宙不可逆的大趋势下，人作为用户将被深刻影响与改变，人的软件与硬件升级后，时间将被更多地分配在元宇宙中，现实物理世界中很多的角色、职能、功能将由机器人来承接。浅层次上，机器人的存在将在经济学意义上降低商品与服务的价格，尤其是服务的价格。

第一节
人 VS 人的数字人、虚拟数字人、机器人

这一轮变革不同于过去 50 年的计算平台演化,原因在于其所依托的新硬件带来的是人的感官体验、交互、内容等一系列的重构,背后是人类从二维互联网进入"仿真"的三维世界,主要体现为空间、体验、交互三个方面的升维。由"平面"到"立体",一切都将被重塑,但这种重塑并非"镜像"的重塑,因此虚拟人作为交互界面重构的"圆心",非常考验想象力。

元宇宙不仅会囊括现实物理世界,还是对现实物理世界的重构。类比互联网、移动互联网 20 多年的发展史,未来 10—20 年发展的前半场是元宇宙成型阶段,即元宇宙大投资时代;后半场则是元宇宙重塑现实物理世界的阶段,即新硬件主义时代。

第一章 虚拟人：交互世界的新物种

在《元宇宙大投资》[①]一书中所建立的元宇宙六大投资版图，必将同步运行于不同的发展阶段，但在不同的发展阶段呈现出来的投资价值，从配置的角度所赋予的权重不同。终极的元宇宙所呈现的内容与场景必然百花齐放，抢夺用户时长/注意力的效果越显著，投资的权重越高。但在当下混沌期，元宇宙将有新内容或场景应用出现，引发全市场的关注与跟进，以吸引越来越多的厂商快速匹配资源去大力布局。

在通往元宇宙终极形态之前，行业内的内容供给方将在不同节点或方向上实现创新。在这个过程中，预计会出现一种或者多种新的内容或应用。自2021年下半年以来，超写实数字人"AYAYI"、虚拟数字UP主"柳夜熙"、数字人"洛天依"、虚拟带货主播等各类虚拟人或数字人悉数亮相。

但虚拟人这一概念不是这两年才有，而是可以追溯至20世纪80年代，人们开始尝试将虚拟人物引入现实商业世界中，当时虚拟人的制作手段以手工绘制为主。21世纪初，计算机动画（CG）、动作捕捉等计算机技术进步，取代传统手绘进行虚拟人的创作，应用于数字替身、虚拟偶像等领域。近5年来，得益于人工智能技术的发展，虚拟人的制作流程得到

---

① 焦娟，易欢欢，毛永丰.元宇宙大投资［M］.北京：中译出版社，2022.

有效简化，且成本进一步降低，虚拟人行业开始快速发展，众多虚拟数字人在各行各业出现。

伴随着新的计算机技术的发展，虚拟人越来越数字化与智能化，有关虚拟人的名词与概念也越来越多，如数字人、虚拟数字人等，相关概念可以被认为是等同的，但在严格意义下又有细微的差别。中央民族大学新闻与传播学院教授郭全中在《虚拟数字人发展的现状、关键与未来》[①]一文中对数字人、虚拟人、虚拟数字人的相关概念进行了界定。他指出数字人在范围上包含虚拟人和虚拟数字人，是存在于数字世界、按照物理世界中的人物进行设定的形象，而与人类形象完全一致的被称为"数字孪生"。虚拟人是数字人的组成部分，包含虚拟数字人，它存在于虚拟世界中，人物身份也是虚构的。而虚拟数字人属于最小的概念范畴，它存在于虚拟世界，是具有人类特征和人类能力的数字化形象，拥有虚拟身份和数字化制作特性。

在新的语境下，我们也试图对相关概念进行界定与划

---

① 郭全中. 虚拟数字人发展的现状、关键与未来 [Z/OL].（2022-08-22）. https://mp.weixin.qq.com/s?biz=MjM5MjEwODQ2Nw==&mid=2649925370&idx=1&sn=159def648bc77fad1b18763f72c4fef9&chksm=bead5c2689dad530c97136ccbd70d1ba5e08231c995491ea63b2521b8c582a4c61ab77704feb&scene=27. 最后浏览日期：2023 年 2 月 22 日，全书下同。

第一章 虚拟人：交互世界的新物种

分。我们认为虚拟人是交互世界的新物种，包含"人的数字人"和"虚拟数字人"。从广义上来看，这些新物种是相对于"人"而言的，不仅包括虚拟人，也包括机器人。

因此，《新硬件主义》[①]一书指出从交互对象的角度来看，未来元宇宙囊括现实物理世界后，人的交互对象增加了3类，分别为人的数字人、虚拟数字人、机器人（图1-2）——它们本质上都是人工智能（AI），其创作的内容均可以称为人工智能生成内容（AIGC）。

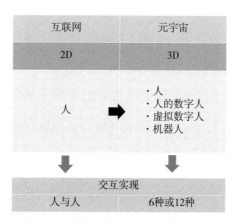

图1-2 未来人的交互对象与交互关系

第一类，人的数字人是我们当下比较能够理解的概念，

---

① 焦娟，冯静静，毛永丰，王晶晶.新硬件主义［M］.北京：中译出版社，2022.

指当前由 CG 建模或 AI 驱动的我们自己的数字人。数字人是跟现实物理世界中的人相关联的，又可进一步分为"化身"（avatar）与"分身"（separation）。人在现实物理世界中具有唯一性，但可以在数字空间中映射出多个数字分身与数字化身，即在未来元宇宙的数字场景中，每个用户都会有自己的虚拟分身或化身，来承担不同的工作或任务。

第二类，虚拟数字人需要与人的数字人相区分，它跟现实世界的人没有关系，指的是在元宇宙中数字原生出的虚拟人。数字原生是元宇宙底层架构中较高级的阶段，需要与数字孪生相区分。数字孪生是比照现实世界 1∶1 孪生出虚拟世界，认知及知识结构均基于已有的现实场景，所解决的也是现实世界的物理问题；数字原生则是生产人类认知之外的新产物。当人工智能足够智能化，就可以在数字世界中原生出很多内容，即 AIGC，或者用户通过轻便化的工具原创出在现实世界中不存在的内容。当数字原生的东西足够大、足够强盛，必然会反过来影响现实世界。

第三类，机器人，即虚拟数字人的机器人，也可称为人工智能体、人类增强等，指的是虚拟数字人反向映射回现实物理世界的显现。这类机器人本身就属于我们所定义的"新硬件"的范畴，由 AI 生成及驱动且具有较高的智能化程度，与当下智能化程度较低、工具属性强于计算属性的机器人存在本质区别。在新硬件主义时代，现实物理世界的生物主体与 AI 主体的类型数量比例将为 1∶3。

未来元宇宙中人的数字人、虚拟数字人、机器人的存在，将会使现实世界的人突破肉身的限制，突破环境与物质的限制。未来"人"的范围将会被扩大，预计会数倍于现实物理世界，社交关系也会更加复杂。与此同时，新的消费需求、商业空间也会被释放出来。

第二节
人的数字人：分身与化身

人类自进入互联网时代以来，社交模式与社交体验都发生了质的变化。伴随着互联网技术与通信技术的进步，社交网络服务应运而生，社交网站提供了一个互动空间，超越了传统的面对面互动，拓宽了人类的社交体验边界，同时社交关系也越来越复杂。

互联网已经经历了从 Web1.0 到 Web2.0 的迭代，目前正在向 Web3.0 升级。数字人的出现将会进一步打破人类社交体验的边界，是人从现实世界到虚拟世界的新一轮映射。移动互联网将视觉、听觉、部分社交关系映射进去，因此元宇宙中会增加更多机能，尤其是感官体验。

元宇宙是虚实融合的世界，那么人们如何进入元宇宙参与经济活动呢？在 PC/ 移动互联网时代，人们在网上浏览信息或进行一定的经济活动（点击、分享、购买等），其背后都对应着一定的身份信息或 IP 地址。在数字智能时代，人们进入数字空间需要有一个数字人，数字人是构建数字身份的基础，是让虚拟世界更加真实的重要保障，也是现实世界和虚拟世界产生互动的重要媒介。

数字智能时代人的存在表现为三种形式。首先为现实维度的人，即处于现实物理空间的真身。作为拥有生物属性意义上"肉身"的真身，其在现实空间有社交关系、独立的人格与心智（世界观、人生观、价值观）、文化与经济地位等。除了现实物理空间中的真身之外，人在数字空间中还会以数字化身与数字分身的形式存在。

总体而言，数字化身与数字分身都是"人的数字人"，人的数字人是人进入数字空间的身份象征，数字身份是独一无二的，与现实世界的真身有直接对应的关系。这意味着，一方面，用户对自己的数字化身与分身拥有自主权，用户可以自主创建，而与用户互动的各方将能够验证其身份；另一方面，数字身份是虚拟世界不可分割的一部分，可以有多种形式，在不同的场景中，用户可以创建与拥有不同的数字身份，以满足不同场景的需求，比如社交场景与工作场景的身份，但这些本质上都基于用户的真实身份而存在。

虽然人在现实世界中有物理活动的边界、时长的限制，但人在数字空间中可以映射出多个数字分身或数字化身，来进行不同的活动。化身与分身所应用的场景不同：数字人的化身解决空间问题，应用于有互动需求的场景；数字人的分身可以给时间加杠杆，如增加单位时间的曝光频次。

一、数字化身：给人的空间移动加杠杆

作为现实物理世界的用户在数字空间中的一种存在形式，数字化身代替了用户真身在数字媒介实践中缺席的"肉身"。得益于数字孪生、扩展现实、脑机接口等技术，数字化身具有虚拟具身性。[1]

---

[1] 陈龙，王宇荣.元宇宙虚实在场的媒介实践与困境［Z/OL］.（2022-07-28）. http://jsnews.jschina.com.cn/kjwt/202207/t20220728_3044175.shtml.

随着技术的迭代，媒介的演进史依次经历了文字、图文、视频的形态，也聚合了人的不同感官。移动互联网在 PC 互联网的基础上，扩展了时间与空间的广度，即移动设备的可移动性使得人们可以随时随地获取信息，但此时的空间呈现仍是以二维为主。马歇尔·麦克卢汉（Marshall McLuhan）在其著作《理解媒介：论人的延伸》中提出，"媒介即人体延伸"，"一切技术都是肉体和神经系统力量和速度的延伸"。媒介其实就是人类感官的延伸，未来随着技术发展，媒介的延伸范围可能会更加广泛，也会带来更多维度的感官体验。

而元宇宙则从空间的维度，更强调感官体验的全面跟进（视觉、味觉、嗅觉、触觉、听觉），用户的感官体验得以高度仿真，当下互联网的平面功能将被三维立体化，从而在元宇宙中呈现。在数字智能时代，用户的身体并不缺席，其真身通过技术"扩展"在场，以数字化身"感知"在场，可与环境、事件及其他虚拟物进行交互，营造出临场感、沉浸感。

以远程办公为例，即使 Zoom 等线上办公软件已经提供了一种较为高效的远程办公方式，但在这种远程办公模式下，独自一人居家办公会产生孤独感，解决问题的效率也不如和同事们面对面沟通的效率高。而在虚拟空间办公，用户可以借助 VR、AR 等新硬件，以 3D 数字化身的形式出现在虚拟会议空间中，并通过运动追踪技术实现化身与周围环境及其他人的数字化身的互动。这种沉浸式的交流方式能够在很大程度上接近现实中"面对面"的沟通效果。

当前已经有一些虚拟办公产品出现，如微软（Microsoft）的 Mesh for Teams 与 Meta（原 Facebook）的 Workrooms 等，将先通过音频提示、面部识别、手势追踪等技术对现实中的人的状态进行实时采集，再同步给虚拟空间中的数字化身，从而打造沉浸式的沟通体验。

二、数字分身：给人的时间利用加杠杆

电视剧《上载新生》（*Upload*）描述了这样的场景，将人的意识与知识上载到数字分身中，这个数字分身与人的真身在认知水平、能力、表达等方面是一致的，可以在不同的场景中与环境发生互动。

数字分身的存在实现了对时间与空间的重组，这个重组会释放出数倍的价值。在现实世界中，人的活动时间有限，每天只有 24 小时，而人的数字分身可以有数个，即人将基于多重身份想象设定数字分身，从而进入多重虚拟场景中，以 AI 进行驱动，并在不同场景中进行沉浸式交互，进而实现给

人的时间利用加杠杆。

作为下一代互联网产品形态,数字智能按照其开发愿景,其发展完备的终极形态是虚实相融,即现实世界与虚拟世界的相连、融合与共生。虚实相融是外在呈现,时空再构则是其内隐特征。

因此,数字分身与数字化身的存在,给人的时间和空间均能加杠杆,使工作效率、劳动生产率得以成倍增长,这就是可能带来的经济价值。打造数字分身与数字化身不是目的,使其作用于人的创造力并放大这种创造力才是目的。

第三节
机器人:虚拟数字人在现实物理世界的显现

在数字智能时代的后半场,人、物、空间这三者均会被重塑,未来将会出现基于情感需求投射的分布式垂类硬件。简单来说,主要有以下两个原因:一是人在数字智能时代将会有新增的需求,尤其是非物质需求。未来 AI 将会发挥越来越重要的作用,2022 年,AIGC 发展迅速且获得了市场广泛的关注，AIGC被认为是继专业生产内容（PGC）、用户生产内容（UGC）之后的新型内容创作方式，未来人的需求会越来越多地被AI的供给所满足。另外，AI将更进一步显现在现实物理世界中，以新硬件的形式承接人在未来现实物理世界中的更多需求。二是虚拟数字人有望反向映射回现实物理世界，即显现为机器人/物而存在，其在与人共享的现实物理世界中的需求与体验同样需要被满足。也就是说，分布式垂类硬件的产生，以现实物理世界为空间，以AI为生成与驱动的机制，是"人"与"物"受"机器人"与"新硬件"供给与重塑的结果。

但是，硬件仅是外在的表现形式，内核仍然是服务于人交互的AI，包括各类主体之间基于情感需求的交互。新硬件产生的核心意义是作为寄托情感的实物载体完成人与"人"之间的交互。在诸多关于机器人的科幻电影中，机器人/虚拟人均被赋予了独立的人格、健全的思考能力、细腻复杂的情感。它们或是作为单独个体，可以直接与人进行各类交互，如《我的机器人女友》是人类与机器人相爱，《人工智能》是机器人小孩终身竭力寻求人类养母的关爱；或是本体藏匿于虚拟世界之中，通过影响虚拟世界达到反向影响现实物理世界的目的，使虚拟世界中的"物"以硬件形态在现实物理世界中得以呈现或投射，如《黑客帝国》中的网络程序可以迅速实物化为战斗武器、出行工具，甚至是生活必需品等。这类基于感情需求、工具武器需求投射的分布式垂类硬件，未来会散落在各式各样的内容、应用与场景之中，以满足人、虚拟人、数字人、机器人丰富多样的需求。

相较于移动互联网时代，数字智能时代增加了 AI 生成与驱动的机制。在移动互联网时代，交互的内容 / 对象基本上都是由真实的人（软件工程师、创作者等）设计与渲染出来的；但在数字智能时代，AI 成为新增生产要素，将会大量存在于供给、需求的各个环节中，数字人、虚拟人等就是 AI 的诸多应用之一。数字智能世界将成为"人的数字人"与"虚拟数字人"的共享空间，"虚拟数字人"反向映射回现实物理世界则大概率呈现为"机器人"。由此，人的交互对象由此新增了 3 类：人的数字人、虚拟数字人、虚拟数字人的机器人。

2022 年，从年初北京冬奥会上的各类机器人，到特斯拉、小米相继发布人形机器人，机器人的概念备受市场关注。

未来的分布式垂类硬件到底是什么样的形态，可以参考北京冬奥会场景中的各类机器人。北京冬奥会主媒体中心的无人智慧餐厅大致描述了分布式垂类硬件未来可能的样貌：该智慧餐厅里约有 120 台智能厨师机器人，以及诸多服务生机器人,保证点餐、制餐、出餐全流程自动化完成,非常高效地满足了全球各地代表团的用餐需求。该场景的分布式垂类硬件(机器人)满足了疫情下的安全需求,即全程都是由机器服务,避免人与人的近距离接触。冬奥会的诸多智能机器人,符合我们对分布式垂类样貌的描述,但目前仍处于信息化、数字化阶段,智能化的含量仍在蓄力中。借助北京冬奥会这个国际化传媒平台,未来烹饪型机器人及相关场景有望得到更多的推广应用。

我们再以特斯拉人形机器人为例,来梳理一下特斯拉人形机器人出现的时间轴。

- 2021年8月19日,在特斯拉第一个"人工智能日"(AI DAY),人形机器人"擎天柱"(Optimus)首次亮相,虽然只展示了该项目的一些概念图和视频,但仍吸引了不少目光。
- 2022年6月3日,马斯克在推特(Twitter)上预告,特斯拉可能在未来几个月内推出能够运转的人形机器人原型。
- 2022年6月21日,马斯克在卡塔尔经济论坛上接受采访时表示,人形机器人"擎天柱"原型机将在2022年9月30日(特斯拉第二个"人工智能日")现身。

- 美国加州时间 2022 年 9 月 30 日晚 6 时，马斯克没有食言，真的把人形机器人"擎天柱"带到了人们面前。特斯拉人形机器人的初次亮相只是一款概念机，到第二个"人工智能日"已经实现了第二次迭代，实物图也与概念图进一步贴近。
- "擎天柱"项目在特斯拉内部的优先级迅速上升，预计 2023 年投入生产。马斯克此前称，2022 年，人形机器人"擎天柱"的产品开发优先于特斯拉一些即将推出的车型，第一版机器人有望在 2023 年投入生产，产量预计可以达到数百万台。在规模效应下，其成本要比汽车低很多，预计售价不到 2 万美元（约合 14 万元人民币）。

经过两次大的版本改进，特斯拉现在的人形机器人"擎天柱"已向智能化迈出了一大步。在没有任何备份装置（包括机械装置与电缆支持）情况下，人形机器人"擎天柱"在舞台上展示了四处走动（看似简单，实则是里程碑式的重大突破）的动作。未来团队将收集数据继续训练机器人，使其做到清晰识别周围物体、蹲下捡物体。从 2022 年的介绍来看，特斯拉的工作还集中在驱动和移动（locomotion）的部分，而操纵（manipulation）的部分还很基础。

对于以特斯拉人形机器人为代表的下一代智能交互硬件，我们认为其作为特斯拉的"第二曲线"，本质上与特斯拉的智能电车相同，均是建立在"输入—计算平台—输出"模型上的智能交互硬件。

由此，我们提出"点、线、面"三个维度的观点与看法：在"点"上，智能电车与人形机器人均用"现实世界的 AI 和摄像头（硅神经网络和复杂的视觉系统）"来模拟人的"大脑和眼睛"；在"输入—计算平台—输出"的逻辑线上，特斯拉已经看到了智能电车未来对数曲线的"平缓期"，人形机器人"擎天柱"是下一代新硬件；在基于真实运行的认知层面，未来交互硬件的特征是"软硬一体""合之为一（AI）、衍之为万（各式新硬件）"，难点在于解决对现实世界全域（非局域）的智能。

特斯拉人形机器人"擎天柱"将运用特斯拉最先进的 AI 技术，其头部配备了与特斯拉汽车相同的智能驾驶摄像头，内置全自动辅助驾驶（FSD）芯片，并由基于视觉神经网络系统预测能力的自动驾驶技术驱动，与汽车共用 AI 系统。人形机器人"擎天柱"的大脑采用具备极强算力的 Dojo D1 超级计算机芯片，每个 Dojo D1 超级计算机芯片之间无缝连接，相邻芯片之间的延迟极低，训练模块在很大程度上实现了带宽的保留。

我们认为，特斯拉人形机器人代表了AI落地的新方向，若未来实现规模放量，将能够带动国内AI企业在相关领域的需求。从其本身的特点来看，主要的增量在于两方面。

一是人工智能算法。特斯拉人形机器人除了需要具备感知能力，还需要拥有一定的认知能力，这需要算法方面的创新与突破。当前，基于大样本训练的神经网络模型在认知方面仍需要提升。

二是人工智能算力芯片。人形机器人作为一个人工智能终端，在承载复杂算法模型的同时，还需要足够的芯片算力作为支撑。伴随人形机器人产业的发展，AI芯片公司的重要性日益提升。

在应用场景方面，传统机器人只是"工具"，而特斯拉人形机器人从设计之初，就被赋予成为独立"生产力"的期待，即模仿或替代人的作用。

更直观地说，"工具"需要为人所用，它们类似于斧头、锤头的功能；而独立的"生产力"，就像人的伙伴或助手，人类只需要对其下达模糊的指令，人形机器人就可以理解（认知）并将其拆解为一系列行动（决策）。因此，人形机器人的应用领域，先从面向企业（to B）的场景开始，主要用作服务型机器人,如在酒店商场及部分高危场景中应用,后续预计会进入家庭等面向普通消费者(to C)的领域。

第四节
人与人的交互 VS 新增 6 类交互

人的对外交互分为三类:人与自然的交互、人与人的交互、人与物的交互。

首先,是人与自然的交互。从原始社会时期人类的刀耕火种,到封建社会时期人类开始养殖,再到工业革命时期人类开始运用机器生产,最后到现在人类借助自动化设备大规模生产,人类对自然的态度经历了从因为不了解所产生的恐惧到逐步开始借助工具试图征服、控制自然,再到经历了一系列因过度索取、粗暴式破坏而造成的反噬后,开始重新审视人与自然的关系。

其次,是人与人的交互。在社会活动中,人与人之间存在亲密关系、商业行为等不同的人际关系,需要进行交互。人类需要通过语言(声音)、文字、眼神、表情、姿态等的有机结合，表达出丰富的含义，从而实现信息传递、情感沟通的目的。马克思说：人的本质是一切社会关系的总和。而社会的本质是人与人之间的交互，从某种程度来看，人与人的交互是这三对交互关系中的核心。

最后，是人与物的交互。在征服自然、利用自然的过程中，人类发明了工具来提高效率，比如中国古代的四大发明——造纸术、指南针、火药、印刷术。随着对自然的进一步探索，人类需要不断改进工具使其功能变得更加丰富且易用、灵活，从而进一步提高效率，这便衍生出了人与物的交互关系。同样，人与人的交互也需要以物作为载体来传输信息，并且提高信息流转的效率，比如老师上课时通常会借助道具、视频来进行展示。站在当前时点来看，人机交互是最典型的一类人与物的交互。

一、人与人的交互

我们认为人与自然的交互、人与物的交互，是人对外交互的基本层面，人与人的交互则是人对外交互的更高层面，因此人与人的交互是我们关注的重点。我们通过梳理人与人交互的历史脉络发现，在历史进程中任何一个方向的升维都有可能推动人与人的交互发生翻天覆地的变化，呈现愈加复杂的特性。整体而言，人与人的交互脉络最为核心的主线，是技术的发展推动人与人交互的空间范围不断扩大，交互的反馈变得迅速（交互时间缩短）。在交互空间持续扩大与交互时间持续缩短的过程中，当下人与人交互的媒介、渠道发生了变化，交互行为范式也变得更加丰富（图1-3）。

（一）传统农业时代：从面对面交流，到通过书信传递信息

旧石器时代，人们普遍过着游牧的生活，需要不断地进行地理迁移才能获得生存所需的能量。随着农业社会的出现，大多数人结束游牧生活开始在某个地方定居，形成稳定的农业生产关系。人与人的沟通基本上是熟人之间的面对面沟通，表现为个人之间、邻里之间、群族之间的交往与沟通。对大多数的普通人而言，这样的社会形态在中国维持了几千年。

但是在过去几千年里，局部地区也发生了一些比较显著的变化。

首先，城市的出现推动贸易发展，人们开始跳出种族范围进行人际交互。稳定的农业生产能力为部落带来了充足的粮食，在满足已有人口需求的情况下还能有剩余，甚至不从事农业生产的人们也能获得粮食，这便开始推动社会内部产

图 1-3 交互历史梳理

生分工，比如因犁、耙的制造而出现手工业；城市开始出现并发展。两河流域的美索不达米亚文明、尼罗河流域的古埃及文明、黄河流域的华夏文明、印度河流域文明已经呈现出一定的社会与经济复杂性，书写与贸易正式在人类社会出现。贸易的发展推动人与人之间的交互逐渐跳出所属的种族，延伸到邻近的种族，交互的空间范围开始扩大。

其次，技术迭代、经济发展带来了更充足的食物、财力，支撑人类走得越来越远。社会精英阶层开始探索更遥远的世界，人与人的交互在地理边界上被不断拓展。在中国，公元前139年汉武帝派张骞出使西域，以首都长安（今西安）为起点，经甘肃、新疆，到中亚、西亚，并连接地中海各国，开辟了著名的"陆上丝绸之路"。13世纪末《马可·波罗游记》出版，其中详细记录了意大利商人马可·波罗行经地中海、欧亚大陆和游历中国的所见所闻，涉及山川地形、物产、气候、商贾贸易、居民、宗教信仰、风俗习惯等丰富的内容。透过这些事件，我们发现东西方文明开始连接，人类能够与另一个半球的人进行交流、贸易通商。而15—17世纪开启的大航海时代将东西方人类间文化、贸易交流的地理边界进一步打开，欧洲的船队出现在世界各地的海面上，寻找新的贸易路线与贸易伙伴。人与人的交互跨越地理、种族出现碰撞，甚至因冲突而发生战争。

最后，随着人类活动区间变大，不断解锁全新地图，承载人与人交互信息的载体也在发生变化。口口相传的交流方式将信息交互限制在邻里之间，一旦扩大交互空间，信息的传递便显得效率极低且容易出现偏差。文字的出现使得信息能够保存，并得以传递与交流，被认为是文明的标志之一。文字在相当程度上保证了传递信息的准确性，但是依靠人力传递信息仍然效率极低，且传播速度慢。对于重要信息，人们还想了很多种办法加快信息的传递速度，比如美洲的印第安人巧妙地采用烟信号传递信息，古代中国人则借助烽火传递信息，以及我们经常在电视剧中看到的飞鸽传书、快马送情报等，信息的传递速度相较之前有了大幅度的提升。

透过中国古代驿站的历史可以大概看出当时信息的传递速度，宋朝沈括的《梦溪笔谈》记载："驿传旧有步、马、急递三等，急递最遽，日行四百里，唯军兴用之。熙宁中又有金字牌，急脚递如古羽檄也，以朱漆木牌镶金字，日行五百里。"即在宋朝（约11世纪初），一天内最快传递五百里，且一般只用于军事信息传递。到清朝（17世纪后），京师设皇华驿，军机处公文上注明"马上飞递"，规定日行三百里，假如遇到紧急情况，可以日行四百里、五百里，甚至日行六百里不等，最高速达日行八百里，俗称"六百里加急"及"八百里加急"。

但是即使是最快的马接力，也无法满足人们对交互时效的要求。例如在元朝统治期间，其国土版图一度包括西伯利亚部分地区在内，所涉面积非常广阔，在遇到天灾人祸等重要信息需要呈报朝廷进行决策时，信息一来一回可能需要十余天，很容易就错过了救灾的时机，造成巨大的损失。此外，唐朝诗人杜甫在《春望》中写道："烽火连三月，家书抵万金。"也能从侧面看出当时信息传递速度缓慢对人们生活造成比较大的影响。然而在发明电报之前，中国乃至世界都经历了一段漫长的靠人力或者动物传递信息的过程。

整体而言，过去几千年历史上人类社会的生产关系相对较为稳定，大众交互的范围多限于各自成长的地域，与熟识的人进行面对面沟通。城市文明下产生的贸易行为打开了人与人交互的空间范围，大航海时代使这种贸易交互边界进一步打破，走得更远，但这仅仅被限定在部分特定阶层中。交互空间的扩大产生了远距离通信的需求，文字的诞生弥补了口口相传所造成的信息误差的问题，但古代信息传递的速度较慢，也仅限制于军事、通商等重大信息的传递。

（二）电报/电话时代：即时、在线沟通逐渐成为常态

美国画家塞缪尔·莫尔斯（Samuel Finley Breese Morse）在旅欧学习的途中对电报机技术产生了兴趣，并于1835年发明了世界上第一台电报机。1843年，莫尔斯修建了从华盛顿到巴尔的摩的电报线路，全长64.4千米。1844年5月24日，在座无虚席的美国国会大厦里，莫尔斯向巴尔的摩发出了人类历史上的第一份电报："上帝创造了何等奇迹！"电报的出现将人类拉入电信通信时代，使人类传输信息的速度得到了极大的提升，电报所承载的信息可以在一秒内绕着地球走7圈半。

在电报之后，电话的出现使得信息传输速度进一步提升。1876年，亚历山大·格拉汉姆·贝尔（Alexander Graham Bell）为其发明的电话申请了专利。1877年，从波士顿到马萨诸塞州萨默维尔的第一条普通电话线的建设工作完成，至1880年底美国已有47 900部电话，电话设备快速发展。贝尔于1877年成立了贝尔电话公司，在此基础上发展成为当今美国最大的电信服务供应商AT&T。但是早期电话使用人工寻呼的方式，寻呼等待时间较长而且周转较为繁复，所以电话的通信费用也比较高。

第一章 虚拟人：交互世界的新物种

电报与电话的出现缩短了远距离通信的时间，但是通信费用较高，因此在很长一段时间里，写信仍是普通老百姓主要的通信方式。以电报为例，20世纪50—80年代，在中国寄一封信只要4分钱，而发电报则要按字收费，80年代电报一个字收费0.075元，到了90年代电报每字收费0.135元。

1993年，中国无线寻呼业务向社会开放，1998年全国寻呼机用户突破6 546万人，"有事儿呼我"成为当时的流行词，写信这种通信方式开始逐步退出历史舞台。1987年11月18日，广州开通了我国第一个TACS模拟蜂窝移动电话系统，实现了我国移动电话用户零的突破。1994年10月，我国第一个省级数字移动通信网在广东省开通，我国由此进入了2G时代。相较于寻呼机，移动电话不需要寻呼台，通信双方可以直接语音沟通，因此交流的效率又有了进一步的提升，但是刚开始一台"大哥大"要一两万元，因此也仅仅是少数人的配备。

进入2G时代后，移动电话逐渐在人们的生活中变得流行，虽然价格仍然较贵，但并不再是奢侈品，移动电话真正开始进入寻常百姓家，诺基亚3110、摩托罗拉StarTAC等经典机型更是成为一代人的记忆。移动电话的语音电话、发短信功能，使得远距离的人与人之间即时在线交流和沟通成为常态，满足了亲人之间跨区域、跨国的情感交流需求，同时也使得商务办公等方面的交流变得更加便捷，提高了交易的效率。

综上所述，电报与电话的出现是在过去交互空间范围扩大的基础上，进一步解决了人与人远距离沟通交流的时效性。从电报、座机、寻呼机到移动电话的出现，沟通交流的成本逐渐下降，使得越来越多的普通老百姓也能够享受到即时的在线沟通的便利，这代表着更多人在交互的过程中能够感受到交互空间、时间的拓展，而不仅仅局限于特定的阶层中。尽管 2G 手机到后期也支持彩信、彩铃等功能，人们能够进行一些简单的网络交互，比如阅读新闻、使用 QQ 等，但是手机主要还是起到通信的作用，人与人的交互还是在线下场景完成。

（三）PC 互联网时代：真正实现了全球用户的连接，由通信走向娱乐等多元的交互行为

21 世纪初，中国正式进入 PC 互联网时代。互联网的出现为人与人的交互带来了革命性的变化，相较于电话、电报，互联网帮助人们进一步拓展了交流的范围，普通老百姓也可以在网络上和世界各地的人交流、互动，突破了现实的社交壁垒，使世界成为"地球村"。

第一，PC 互联网改变了人们获取资讯的方式，门户网站

通过对信息进行聚合，逐渐开始取代报纸成为人们主要获取资讯的渠道，网站上汇集了新闻、娱乐、产品、展会、招聘等信息，涉及生活的各个方面。四大门户网站——新浪、网易、搜狐、腾讯成为当时影响力最大的互联网公司，并先后完成了上市。但在门户网站时期，线上的信息量有限，人们只能被动接受网站展示的资讯，而随着交互信息量的增长，人们开始借助搜索引擎主动获取自己需要的资讯，百度搜索引擎成为国内 PC 互联网时代最大的流量入口。

第二，互联网使人们的社交范围由熟人社交拓展至陌生人社交，打破了传统农业社会延续下来的亲戚、邻里、同事、商业合作的社交圈，人们可以与来自天南海北的人自由沟通交流。电子邮箱成为商务办公通信的主要方式；而在个人社交领域，网络论坛（BBS）是第一代互联网的社交产品。1994 年中国第一个互联网 BBS 曙光站上线，1999 年天涯社区上线，成为当时影响力较大的中文网络社区，为一代互联网用户留下了时代记忆。1999 年 QQ 上线，截至 2002 年 QQ 注册用户数量已经超过 1 亿，成为国内即时通信绝对的领导者，主要满足了用户的社交交友需求。2005 年新浪博客 2.0 上线，借助名人效应在博客领域进行"圈地运动"，短短两个月内新浪博客的用户数量突破百万；2009 年新浪推出微博，复制了博客时代的明星策略，成为国民级的现象产品。博客与微博的出现拉近了社会名流与普通老百姓之间的距离，使得社交层级变得扁平，也成为社会各界表达观点、思想碰撞的空间，对许多社会事件发挥了重要影响力。其间社交渠道层出不穷，还出现了开心网、饭否网等平台，使人与人的沟通交流变得更加轻松有趣，同时线上社交的圈层化现象初步萌芽。

第三，互联网使沟通成本降低，人与人之间交互的内容变得更加丰富，在线娱乐的需求逐步产生，网络文学、游戏、在线视频等娱乐方式逐渐成为人们线上交互的内容主题。1998 年，中国台湾网络作家痞子蔡的作品《第一次的亲密接触》在 BBS 上连载，拉开了中国网络文学的序幕，此后诞生了一大批著名的网络写手，如天下霸唱、当年明月、宁财神等，他们都是天涯社区早期的忠实用户，贡献了《鬼吹灯》《明朝那些事儿》《武林外传》等一系列著名 IP。网络游戏在 2000 年前后出现，2001 年 7 月盛大网络引进韩国网络游戏《传奇》大获成功，至 2002 年 10 月，《传奇》最高同时在线人数达到 60 万人。此后，盛大旗下的《跑跑卡丁车》《泡泡堂》《疯狂坦克》，第九城市代理的《奇迹 MU》《魔兽世界》等游戏让无数玩家沉迷其中，至今《传奇》《魔兽世界》等游戏也在国内有相当大的影响力。中国第一批在线视频网站几乎都先后诞生于2003—2006年，比如2003年暴风影音上线，2004年乐视网上线，2005年PPS、土豆网、56网上线，2006年出身搜狐的古永锵、李善友分别创建优酷网与酷6网。一时间，中国视频网站快速崛起。数据显示，仅2006年，国内的视频网站就从30余家激增至300余家，它们共同竞逐PC互联网时代的视频赛道，这段时光也是中国视频网站的"草莽岁月"。各个网站为互联网用户提供了丰富的内容，包括电影、电视剧、体育赛事直播等，PPS提供的点播影视剧接近6 000部，在线看视频的用户规模大幅增长。至2007年，暴风影音的日均使用人次超过1 000万。[①]

第四，人与人之间的交互进一步扩大至交易行为。2003年淘宝成立，2004年支付宝的推出提升了线上交易的安全性，自此以淘宝、京东等为代表的网上交易平台在中国快速发展，用户的传统购物习惯部分从线下转到线上，比如服装、3C数码、图书等品类线上交易的渗透力不断提升。2009年天猫"双十一"促销节首次举办，共20余个商家加入促销，创造了单日5 000万元的销售额。电商的发展带动了快递行业的快速发展，中国快递行业出现了顺丰、"四通一达"等公司，建立起

---

① 韩志鹏.视频网站十六年：消亡录与新战役［Z/OL］.（2019-12-20）.https://www.iyiou.com/analysis/20191220120634.

强大的物流网络。

PC 互联网真正在大众层面拓宽了人与人交互的地理范围，普通人能够在线上与来自世界各地的人进行交流，呈现内容的载体不再局限于文字，图片、视频、游戏承载的信息更加立体，为人与人的交互带来更加真实的感官体验。

但是，进入 PC 互联网对场景有一定的要求，网线无法移动且多数场景下人们需要坐在桌子面前才能够上网。受限于场景的需求，人们每天沉浸在互联网中进行交互的时长是有限的。并且，PC 互联网有一定的学习门槛，这在一定程度上限制了用户规模的大幅增长，这一阶段的互联网用户多为职场员工、学生等。

（四）移动互联网时代：随时随地线上交互，基于位置衍生出一系列全新的交互行为

中国在 2009 年、2013 年先后进入 3G、4G 网络时代，叠加以 iPhone 为代表的智能手机的出现，推动人们从 PC 互联网时代走向移动互联网时代。相较于 PC 互联网，移动互联网带来了两大最核心的改变：一是人们通过触控的方式与智能手机进行交互，智能手机相较于 PC 学习门槛明显降低，中老年人群、下沉市场用户也都成为互联网用户的主要群体，越

来越多的人进入数字世界。2010年中国的互联网用户达到4.57亿人，截至2022年6月，中国互联网用户达到10.51亿人，12年的时间里实现了翻倍增长。二是智能手机可以随时随地上网，彻底打破了上网场景的限制，人与人的交互无处不在、无时不在，通勤路上、排队过程中、休息间隙等碎片化时间被充分利用起来，互联网用户在线时长增加，而且基于位置的用户场景需求被挖掘，用户更多的行为在线上完成。

2012—2013年中国移动互联网开始快速发展，至今中国互联网行业格局发生了翻天覆地的变化。如果说在PC互联网时代，百度、腾讯、阿里巴巴因占据社交、电商的入口而地位稳固，那么在移动互联网时代，互联网公司间防守、进攻无所不在，碎片化的交互场景带来了垂直细分赛道的各种机遇，新互联网公司快速崛起壮大，如美团、滴滴、字节跳动、快手、B站等，对原有互联网巨头的地位发起挑战。正如林军将移动互联网发展的十年称为"沸腾新十年"，这一时期充满了变化莫测的商业变革。

在这些互联网公司的推动下，人与人的交互渠道发生了变化，新的线上交互行为不断涌现。

首先，2011年微信上线，重塑了PC互联网时期社交、资讯平台的竞争格局。微信1.0阶段从QQ手中接过移动互联网接力棒，并且彻底替代了短信，成为即时通信工具的绝对领导者。在人与人之间的交互层面，微信用语音、视频通话等方式进一步拉近了熟人社交的距离，用户可以随时随地拿起手机拨打视频电话，与远方的亲人线上见面。此外，微信 2.0 阶段替代了浏览器与搜索工具，品牌、机构将 PC 互联网时代的官网、产品服务迁移到微信公众号中，因此微信也颠覆了传统的报纸、杂志的资讯分发方式，品牌借助微信公众号向消费者传递信息，同时也与消费者进行直接交互，树立了更加亲近的品牌形象。同时，QQ 也在围绕 Z 世代持续升级产品，立足 Z 世代的需求，用元宇宙的相关技术打造沉浸式虚拟社交空间，比如腾讯 QQ 秀升级为超级 QQ 秀，推出 3D 虚拟形象设计与居家社交功能，培养用户沉浸式虚拟社交习惯。

其次，短视频、直播兴起，人人都是创作者，娱乐社交维度更加立体。智能手机拍照功能不断升级，降低了用户创作门槛，互联网用户从 PC 互联网时代的资讯接收方成为创作方，自媒体时代兴起。短视频平台又为用户提供了轻便的创作工具，帮助用户进行内容创作，为优秀的内容创作者提供了更多在各类社交媒体上自我展示的机会，素人成为网红的门槛降低，比如短视频领域的网红可以通过制作极具个人特色的内容获得用户关注，成为明星。直播是短视频内容的进一步升维,主播与观众可以进行实时交互,观众可以看到主播的实时行为,从而衍生出游戏直播、打赏互动等方式。

得益于短视频、直播等新内容形态的崛起,以抖音、快手为代表的短视频平台站在移动互联网时代的中央,借助技术升级重塑用户的娱乐与内容消费模式。短视频平台通过算法为用户供给内容,使用户从主动获取信息到被动依赖平台算法推荐的供给。一开始,用户的需求通过用户主动的"搜索"暴露给平台方、技术方或服务方,后者用其排序的供给来匹配用户的需求,整个过程的主动权核心在于用户,且最终各平台方、技术方或服务方排序的供给也是由用户主动选择。而移动互联网时代的算法推荐,削去了用户的大部分主动权,基于用户过往浏览或搜索的信息,平台方、技术方或服务方主动为用户推荐各项供给,其运行的逻辑在于夺取主动权,用户被动接受算法推荐的供给。

短视频崛起、算法推荐的普及也重塑了电商的生态。一方面,抖音、快手基于庞大的用户流量及强大的内容分发机制,逐步将业务拓展至电商领域,将短视频、直播与电商相结合,通过为消费者"种草"引导其下单。在这个基础上,抖音进一步提出"兴趣电商"的模式,基于算法标签挖掘用户潜在需求。传统的淘宝、京东作为"货架电商"的代表,也引入了"内容电商"的模式,比如手机淘宝对首页进行改版,加入"逛逛"的入口,将消费者的主动需求与被动"种草"结合起来,使交易无处不在。另一方面,为增强展示效果,电商的展示形式也在不断升级,从图文到视频、直播展示,再到三维展示与增强显示(AR)。比如以 IKEA Place 和 Snapchat 为代表的平台,基于 AR 技术为消费者提供商品尺寸精准放置、色彩搭配体验等线上"试穿"服务。整体来看,商品视觉展示不断升级。同时,越来越多的品牌开始使用虚拟人作为电商主播,将其作为闲时与消费者增强交互的手段之一。这些方式也反映出平台、品牌越来越重视与消费者的交互,通过精细化的运营手段不断提升消费者的交互体验。

因此在移动互联网时代,人与人的线上即时交互不再局限于通信,即时在线社交、娱乐、购物等成为交互的核心内容。根据 QuestMobile 数据,智能手机上占据用户日均使用时长最长的几类产品分别为以抖音、快手等为代表的短视频产品,以微信为代表的社交类产品,以爱奇艺、腾讯视频为代表的长视频产品。其中,2021 年第二季度抖音、快手的日均使用时长为 100 分钟,微信日均使用时长为 84 分钟,爱奇艺、腾讯视频日均使用时长分别为 70 分钟、67 分钟,用户目前在线上的时间主要用于娱乐休闲。此外,淘宝、百度等带有非常强的功能属性（电商、搜索）的产品在 2021 年第二季度的日均使用时长也分别达到 23 分钟、43 分钟（表 1-1）。

最后，移动互联网时代也诞生了许多全新的交互行为，比如打车、点外卖等。原因在于智能手机能够随时随地记录个体在空间中的移动位置，使人的交互场景实现了横向拓展，且与个体的空间移动相呼应，并不受地理空间的限制，即人与人的交互场景以个体为中心成为流动的场域。场景改变了传统地缘上的"附近"关系（人类学家项飙形容为"附近"的消失），创造了流动的"附近"：人在哪里，"附近"就在哪里，透过方寸大小的屏幕，人被置身于流动的空间之中。①

因此，当用户外出时，各大平台总能即时提供场景化服务，基于 LBS（Location-Based Services，基于位置的服务）技术与对用户需求的深度拓展，发掘出一系列新的线上交互行为，由此曾涌现出一些全新的互联网公司，如为用户推荐周边美食的大众点评，外卖配送平台饿了么、美团，打车平台滴滴出行，共享单车摩拜、哈啰等。线上交互行为所覆盖的内容变得丰富多样，涵盖了生活的方方面面。

移动互联网时代，二维码无处不在，被作为微信名片、

---

① 郑二利. 互联网场景：社会、空间与人的媒介化 [J]. 同济大学学报（社会科学），2021（4）.

表 1-1 2018—2021 年中国互联网产品用户日均使用时长变化 （单位：分钟）

平台	2018 Q1	2018 Q2	2018 Q3	2018 Q4	2019 Q1	2019 Q2	2019 Q3	2019 Q4	2020 Q1	2020 Q2	2020 Q3	2020 Q4	2021 Q1	2021 Q2
微信	83	87	85	86	79	82	77	84	88	83	80	83	83	84
抖音	49	56	62	63	66	67	76	78	94	92	93	91	102	100
淘宝	23	25	24	26	26	23	22	24	24	26	22	26	23	23
QQ	52	52	52	49	54	51	55	52	68	53	44	39	37	34
快手	80	75	78	73	74	74	79	78	90	84	82	91	98	100
百度	44	43	44	42	43	44	45	46	47	43	44	43	45	43
微博	52	57	60	59	60	58	56	54	54	49	48	45	49	48
今日头条	77	88	91	92	92	89	84	88	92	82	75	73	79	82
爱奇艺	85	87	93	86	80	73	76	75	81	72	69	70	74	70
腾讯视频	75	77	76	71	70	74	75	76	77	69	67	69	69	67

资料来源：QuestMobile

信息流量入口等。更重要的是，二维码作为一种支付方式，助力移动支付从一个新兴支付方式发展成为被公众广为接受且使用最为频繁的零售支付方式之一。在中国，现在很少有人出门带钱包，只需要带着智能手机，无论是星级酒店还是街边小店，从街头餐车、美发沙龙、煎饼摊到水果店，移动支付随处存在。2022 年 6 月 15 日，中国支付清算协会发布的《中国支付产业年报 2022》显示，2021 年国内银行处理的移动支付业务笔数与金额分别是 2012 年的 282.67 倍、228.13 倍。我国以移动支付为代表的网络支付业务发展在全球领先，成为我国支付产业一张亮眼的名片。

智能手机的出现使人与人的交互场景变成以个体为中心的流动时空，我们习惯了电子支付、线上打车、线上社交。这些微小的习惯背后反映出交互行为在 PC 互联网走向移动互联网的过程中发生了翻天覆地的变化，但同时也在向我们预告着下一个时代的到来。在某种程度上，可以将移动互联网看作元宇宙的萌芽期。现在我们已经可以看到很多与理解中的元宇宙场景相似的交互形式出现，比如在元宇宙中开虚拟演唱会，这为粉丝开拓了一种全新的追星方式。在传统演唱会中，粉丝的观看视角有限，与偶像互动方式单一；而元宇宙中的演唱会则突破物理限制，歌手的服装道具、舞台效果千变万化,粉丝能够以虚拟分身的方式参与并与偶像亲密互动,NFT 化的演出门票、虚拟道具、数字周边等也能够满足粉丝的想象。例如,流行歌手特拉维斯·斯科特(Travis Scott)在《堡垒之夜》(Fortnite)游戏中举办演唱会,全球有超过 1 200 万名玩家同时参与。

但整体而言,移动互联网距离元宇宙还有较长的一段路要走。相较于元宇宙时代把虚拟当作现实,移动互联网时代最大的缺憾是这种虚拟还不是立体增强现实的,而主要是在电子屏幕上的二维显示。

透过上述从传统农业时代到移动互联网时代四个阶段的历史梳理,我们总结出人与人的交互沿着以下四条脉络发生了翻天覆地的变化。

- 从交互空间来看,人们从与亲人邻里的面对面沟通到远距离传递信息,再到互联网时代能够与世界范围内的人自由交互,交互的范围不断扩大。
- 从交互时间来看,从最开始的书信、电报到电话、微信,交流的反馈周期越来越短,信息的交互越来越同步。
- 从交互媒介来看,从文字、图片、视频到直播,承载交互信息的媒介实现了从一维到三维的升级,形式更加立体,用户在单位时间内能够获得的信息量变得更大，也调动了更多的感官进行交互，使我们能够更好地感受对方的情绪、状态等。

- 从交互内容来看，从最早的获取资讯发展到线上娱乐、购物，甚至衍生出许多原来并不存在的行为，涵盖了生活的方方面面，交互行为的复杂性有了很大程度的提升，而且交互的目的也从满足物质性需求发展至服务于精神性需求。

这四条脉络里人与人交互的空间、时间、媒介的变化是表层的原因，而交互内容的升级是前三条脉络的升级所导致的结果，每一条脉络的升级都会带来现实生活巨大的变化甚至是变革。如同中国移动通信联合会元宇宙产业委员会执行主任于佳宁在文章中写道："互联网本质是一个池塘里的涟漪，一圈一圈往外扩散，每次扩散一般人看到的可能是设备的变化，但扩散的本质是场景的增加，应用领域的增加，对人们生活改造程度的增加。场景扩展到下一层，我们可以看到接入方式变化，同时还有商业模式的变化。"[1]

而元宇宙时代将沿着前述的脉络，进一步重塑人所处的

---

[1] 于佳宁. 元宇宙并非骗局，可能是下一代互联网大机遇［Z/OL］.（2021-12-06）. https://www.yicai.com/news/101249983.html.

空间与时间，人与人交互的场景的复杂度将被大大提升。第一，现实世界与虚拟世界的融合将进一步推动人被裹挟着进入虚拟的时空大环境下，一方面是空间上可能会出现与现实世界孪生的虚拟世界，另一方面是基于用户的创造将衍生出现实世界不存在的空间，而且人们在不同虚拟空间中可以自由移动。第二，在时间层面，由于人可以实现在虚拟世界与现实世界自由流动，随时随地甚至无感地进入虚拟空间，在线时长将不受限制，甚至可以 24 小时沉浸式待在线上。这种空间的自由流动与时间的极限沉浸叠加，有望创造出非常多意想不到的场景，从而释放出巨大的经济价值。

二、新增 6 类交互

仅从人与人的交互方面，我们就可以预见会出现不可思议的变化，更何况在元宇宙时代，交互主体已经不限于人与人之间。根据我们的推演，在元宇宙时代"用户"将呈现出四种形态：人、人的数字人、虚拟数字人、虚拟数字人的机器人（以下简称机器人）。人映射入元宇宙中，呈现为数字人；虚拟数字人则是元宇宙运行过程中虚拟出来的服务型、工具型数字人，其与人的数字人的差异在于其在现实物理世界中并不存在；虚拟数字人未来在现实物理世界中预计将以机器人的硬件形式显现。根据排列组合公式计算，这将至少新增6对交互关系，所以交互场景的复杂度将可能呈现指数级的升级，因此预计元宇宙时代所释放的价值也将远超过PC互联网、移动互联网时代。

人与人的数字人的交互。在二维的互联网/移动互联网中，人的身份象征体现为一个数字头像或数字人物，这个头像可以是网络游戏或者虚拟世界中的动态人物，也可以是网络论坛或社区里常用的二维平面图像，不管是何种形态，人与数字头像或数字人物之间的交互感很弱，源于二维屏幕不足以重建现实。而在虚拟世界中，人的身份象征则体现为人的数字人，是非常具象的、立体的形象，因而此时人与人的数字人之间的交互感体现得较为强烈且真实。一般情况下人在注册账号时，需要构建一个或数个3D的虚拟形象，来适配于不同的应用场景，比如以西装的形象参加线上会议，以休闲的形象参与线上社交活动，以运动的形象参与线上健身等。

人与虚拟数字人的交互。虚拟数字人特指在虚拟世界中数字原生出的虚拟人，与现实世界的人不存在对应的关系。虚拟数字人将会是虚拟世界的重要组成元素，原因在于虚拟世界交互界面不可能再依赖于文字，而必然要回归人与"人"

之间的交流，虚拟数字人便承担了连接虚实共生世界的主体作用。但目前，人与虚拟数字人之间的交互仍然存在壁垒与差异，因为虚拟数字人的本质是人工智能，人与虚拟数字人之间的交互非常依赖于人工智能的发展进程。随着人工智能技术的发展，人与虚拟数字人之间的交互也会更加自然与顺畅。

人与机器人的交互。与虚拟数字人的本质相同，机器人的内核也是人工智能，只不过虚拟数字人存在于虚拟世界，而机器人则在现实世界与人进行交互。目前我们可以在商场、餐厅、酒店等地方看到诸多移动的机器人，这些机器人大多是起到客服或导航的作用。当前绝大多数的机器人还无法做到与真人一样进行自然的交互，但方向是明确的，即拥有拟人的设计、更加智能化，甚至可以进行情感表达与交流。随着深度学习技术的发展，2022年智能机器人发展提速，如特斯拉推出了人形机器人"擎天柱"，代表了人工智能技术落地的新方向。未来，人与机器人之间的交流将逐步从指令交流升级为情感交流，而在这种交互的进化过程中，也伴随着一系列难题与挑战。

除以上3对交互关系之外，还存在人的数字人与虚拟数字人的交互、人的数字人与机器人的交互、虚拟数字人与机器人的交互，因而实现了社交主体的拓展，交互对象的范围也拓展至虚拟人与机器人这一非生物类群体，达到万物互联。这意味着人在社交生态中的身份、地位与功能都将发生变化。最重要的是社交主体的拓展必然带来社交主体之间关系的重构，社交生态更为丰富，社交关系也更为复杂。数字智能时代，在各种非生物类群体成为人的交互对象的背景下，这些以往的"物"也就不再只是交往的客体，而具有了全新的主体身份。这对于社交生态而言，具有颠覆性意义。

第二章

NFT 的魔法棒：从数字内容到数字资产

作为用户，最期待的可能就是 NFT（Non-Fungible Token）了。NFT 让普通人的创作，也有了商业化的可能性。人们通过努力经营自己的影响力而呈现出来的"确切的作品"，在 NFT 的机制下将极有可能大获成功，如同一家"袖珍"公司直接成功完成 IPO（首次公开募股）。

在国内能实现 IPO 的公司，一般都是细分行业内的前三名，至少也要有区域影响力；而作为普通人，经营小小的一份业务，不知要"跃"多少次"龙门"，才能达到被保荐 IPO 的规模与地位。但 NFT 的魔法棒出现了，它堪比没有任何门槛的注册制！

NFT 是一把双刃剑。一方面，NFT 作为一种适用于每个人的机制，非常友好、平权、普惠；另一方面，随着 NFT 这种机制的运行，各用户的"确切的作品"作为数字资产，其价值方差会急剧拉大，顶级 IP 的资产价值一定会过度泡沫化。

第一节
NFT：数字世界的"注册制"

NFT 是一种基于以太坊（Ethereum）区块链的"非同质化通证"。NFT 能够映射到特定资产（包括数字资产，如游戏皮肤、装备、虚拟地块等，甚至实体资产），并将该特定资产的相关权利内容、历史交易流转信息等记录在其智能合约的标示信息中，并在对应的以太坊区块链上给该特定资产生成一个无法篡改的独特编码。NFT 与同质化通证（Fungible Token，FT）本质上的差异是，NFT 锚定的是非同质化资产的价值，FT 锚定的是同质化资产的价值，如黄金、美元等的价值。二者都具有可交易属性，相同的 FT 价值是可互换的，但是每一个 NFT 所对应的价值是独一无二的（表 2-1）。

A&T Capital 按照 NFT 的铸造到流通将 NFT 产业价值链划分成三层，自下至上依次为基础设施层、协议层以及应用层（图 2-1）。

表 2-1　同质化通证 VS 非同质化通证

同质化通证	非同质化通证
可互换性：FT 可与同种 FT 进行互换。举例来说，美元可与其他美元进行互换，且不影响价值	不可互换性：NFT 不可与同种 NFT 进行互换。如将 NFT 借出，返还应为同一 NFT，而不是其他 NFT。举例来说，自己的出生证明不可与别人的出生证明互换
统一性：所有同种 FT 规格相同，通证之间相同	独特性：每个 NFT 独一无二，与同种 NFT 各不相同
可分性：FT 可划分为更小单元，价值同等即可。举例来说，1 美元可换成 2 个 50 美分或 4 个 25 美分	不可分性：NFT 不可分割。基本单元为一个通证，也只存在一个通证
方便性：易于拆分和交换	防盗性：每个 NFT 具有独特性，应用场景多种多样，如游戏、知识产权、实体资产、身份证明、金融文书、票务等
ERC-20：以太坊区块链著名协议，支持发布了 OMG、SNC、TRX 等通证	ERC-721：以太坊区块链新协议，支持发布独特的 NFT，最佳用例包括加密猫（CryptoKitties）等加密收藏项目

资料来源：鸿链信息科技

基础设施层：主要涵盖底层公链、侧链/Layer 2、开发工具、通证标准、存储以及钱包。这一层基于 NFT 的铸造捕获价值，比如底层公链和侧链/Layer 2 捕获了铸造产生的手续费（Gas Fee）。NFT 数量越多，捕获价值越大。

协议层：包括 NFT 铸造协议兼一级流通市场、流动性协议、"DeFi + NFT"。

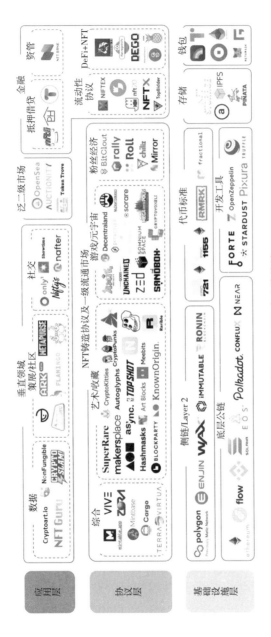

图 2-1 NFT 产业价值链

资料来源：A&T Capital

- NFT 铸造协议兼一级流通市场：大部分协议都兼顾上述两者，以便进一步捕获价值。这一层协议是基于 NFT 的一级交易捕获价值。比如 Mintable 引入无 Gas 费（Gasless）的概念，吸引用户在同一平台上铸造并进行后续交易，交易后 NFT 才上链从而捕获一级交易价值。
- 流动性协议：主要用于对 NFT 进行价值发现。这一类协议并不铸造 NFT，而是通过各种方式对 NFT 进行定价。
- DeFi + NFT：主要是 DeFi 活动铸造的 NFT，通过铸造活动捕获价值。

应用层：主要以基于协议层产生的通证而衍生出来的应用为主，比如泛二级市场代表项目 OpenSea 中交易的 NFT，主要由协议层的各铸造协议平台构成。这一层级的价值捕获主要基于流量与需求变现，比如社交和策展，核心价值点在于聚集流量以及变现。

NFT 承载的内容形式不受限制，任何优势、信息、资源都可以通过以太坊区块链的方式进行确权，沉淀为资产，并为其设定初始交易价格，用于体现其相应的价值。目前 NFT 项目主要集中在数字收藏品、游戏资产、虚拟世界这三个领域。

2022年以来，NFT市场并未延续2021年狂热的势头，市场逐渐趋于理性。从市场整体来看，似乎正在经历阶段性熊市，NFT流动性下降，价格也在很大程度上受到加密货币价值下降的影响。NFT整体搜索量自2022年1月到达顶峰以来出现了明显的下滑，回落至2021年9月的水平（图2-2）。

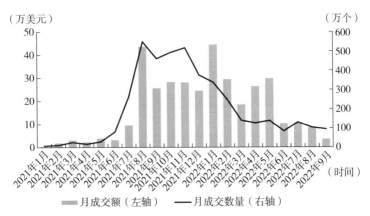

图2-2　2021年1月—2022年9月NFT市场月成交额与月成交数量

资料来源：NonFungible

根据NonFungible的市场调研数据，2022年第二季度全球成交量较第一季度的107.3亿美元降低24.82%，至80.7亿美元。第二季度净利润为4.6亿美元，与此同时销售额、卖家数量、买家数量、活跃账户均出现20%—35%的下跌，同时NFT持有时间长度增加了55%，达到47.9天。一级市场在此期间不断减少,二级市场仍占主导地位,几乎占美元交易量的80%。转售利润减少46%,市场也比以往更加集中,第二季度超过30%的交易量分布在YugaLabs推出或收购的项目之中(表2-2)。

表2-2　2022年前两个季度NFT市场总体表现数据

项目	2022 Q1	2022 Q2	增长率(%)
总交易额(美元)	10 734 200 304	8 070 349 275	−24.82
总交易数(笔)	12 639 781	10 105 967	−20.05
买方数(个)	1 571 566	1 172 235	−25.41
卖方数(个)	903 771	579 513	−35.88
活跃钱包(个)	1 864 820	1 247 083	−33.13
总利润(美元)	3 502 706 752	1 888 762 534	−46.08
总亏损(美元)	1 155 116 672	1 427 612 570	23.59
平均拥有时长(天)	31	47.9	55.02
活跃合约(个)	11 848	15 315	29.26
平均价格(美元)	849	798	−6.01

资料来源:NonFungible

《2022上半年全球NFT数字藏品市场发展研究报告》指出,目前NFT发展方向和应用场景主要分为头像、游戏、音乐、交易市场、虚拟世界与数字藏馆。

当前头像类NFT仍是市场主流,代表产品有加密朋克(CryptoPunks)、无聊猿(BAYC)、Animetas等,在国外市场的活跃度较高。国内也进行了相应的探索，交易平台主要有阿里的鲸探、京东的灵稀、唯一艺术等。音乐市场也是NFT应用场景中不可忽视的一股力量，目前音乐NFT已经成为国内外音乐人发行作品的一种新的流行方式，也有效地保护了其知识产权。

当然，国内外也开始在NFT中尝试一些创新项目。不少艺术家开始利用NFT来做一些有趣的实验，例如来自加拿大的团队孵化了"NFT电子宠物"，需要定期护理才能茁壮成长，且90天内必须转去新的钱包，否则就会死亡，颠覆了NFT购买、持有并期待增值的典型逻辑。此外，NFT市场中也存在一些乱象，Pumping Parrots项目在其官网就明确了希望交易者以两倍交易额转让的规则，这让该NFT吸引了大量投机者的关注，3天内交易量达到302以太币（ETH）。

从流转的过程来看，NFT的流转主要有铸造、发行、交易这3个核心环节。

在铸造、发行环节，目前NFT所用的底层区块链形式主要分为公有链、私有链、联盟链。其中，公有链以比特币与以太坊网络为代表，任何用户都可以接入并使用网络，同时任何人都可以参与跑节点来共同维护网络；私有链仅对单独的个人或者实体开放，其交易速度比公有链更快，交易效率更高；联盟链一般都是有许可控制的区块链,而且一般是围绕特定业务需求组成的相对封闭的业务生态,由生态参与者在许可控制下共同维护、共同管理、共同使用。国内 NFT 数字藏品的主要发行架构在联盟链,目前典型的联盟链包括:蚂蚁集团发起的蚂蚁链,使用平台有鲸探、DT 元宇宙等;腾讯发起的至信链,使用平台有幻核、小红书 R- 数字藏品、QQ 音乐 TME 数字藏品等;百度发起的百度超级链,使用平台有百度数字藏品。

在交易环节,目前 NFT 交易平台趋于成熟,二级市场趋于活跃。一级市场是在资产发行阶段进行交易,二级市场则以点对点(P2P)交易为主。

我们可以将 NFT 的铸造理解为数字世界的"注册制",类似于股票市场,优质的公司需要经过审核、注册才能够公开交易,注册后公司将获得唯一的股票代码作为其身份的标识,并且具有明确的标价,股民可以基于动态更新的股价进行交易。类似地,NFT 铸造的过程标记了某一用户对特定资产的所有权,使得 NFT 成为该特定资产公认的可交易性实体,凭借区块链技术不可篡改、记录可追溯等特点记录产权并确保真实性与唯一性,即完成 NFT 的"注册"。接下来,NFT 将通过交易流转实现特定资产的价值流转,交易的流动将推动 NFT 被更快速地定价,进而加速流转形成正反馈。马克思在《资本论》中写道,"商品到货币是一次惊险的跳跃。如果掉下去,那么摔碎的不仅是商品,而是商品的所有者"。我们认为,其实 NFT 铸造、发行到交易的过程本质上就是在帮助内容、创意、资源等虚拟世界数据形态的资产,完成向商品、再到货币的一跃,使其具备明码实价,可以进行交易流转。

但 NFT "注册制"的特征与现实世界的股票注册制仍存在一些显著的不同。

在中国乃至全球的股票市场中,拥有上市机会的公司占少数。截至 2022 年 6 月,在全球主要的证券交易所中,上交所上市公司有 2 093 家,深交所上市公司有 2 638 家,纳斯达克上市公司有 3 790 家,纽交所上市公司有 4 502 家,基本上涵盖了中国、美国乃至全球最优秀的公司(图 2-3)。在中国,尽管随着注册制度的推进,上市公司的数量有所增加,但上市仍是极少数优质公司的特权。公司在上市后,更容易获得市场关注,资本方面的融资更加容易,也将吸引产业链资源加速聚集,以上这些优势都将推动资源向优质的头部公司集中,因此我们认为公司注册上市的机制更偏向于一种集权模式。

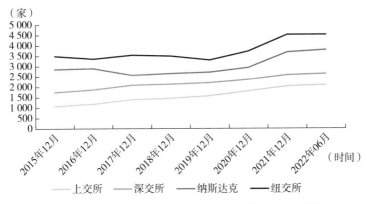

图 2-3　2015—2022 年中美证券交易所的上市公司数量

资料来源：Wind

而 NFT 作为一种机制，背后所代表的是平权的理念。首先，不同于公司上市，只有优质、有实力的资产才能获得注册上市的权利，NFT 赋予每一位用户将拥有的资产打造为 NFT 的权利，而且资产形式不受限制，可以是任何一种内容创意、资源。比如 Otherside、Sandbox 将元宇宙中的虚拟地产铸造为 NFT；Loot 将游戏道具信息铸造为 NFT；Mirror 允许作者将一篇文章铸造为 NFT；Lens Protocol 将用户的社交关系数据铸造为 NFT；等等。其次，个人用户存在多元个体差异，相较于中心化的机构组织更具有创造力，更有望将 NFT 创作推向百花齐放的程度。根据 NonFungible 数据，在中国，个人创作者是最主要的 NFT 创作者，占比超过 90%，团队创作者占比不足 10%。最后，我们特别强调，在未来不仅是人能发行 NFT，人的数字人、虚拟数字人、机器人等都能发行 NFT，元宇宙空间中的主体都具有平等参与并获益的机会。

未来，世界的形态如何？或许最终形成的样子一定远超当下我们的想象，但是产业及市场已经在一定程度上达成共识，即未来世界将融合虚拟世界与现实物理世界。从目前所处阶段来看，仍有很长的一段路要走，需满足一些典型的需求，如虚拟世界与物理世界的环境对应，衍生出数字孪生的机会；人到元宇宙世界的身份如何呈现，衍生出虚拟数字人等。在这些现实物理世界的人、物、场映射到元宇宙世界的过程中，将涌现出巨大的产业机会，这个过程犹如新一轮大航海时代被开启，到处都是新大陆等待被发掘。

NFT 为每一个人、虚拟人、机器人提供了释放创造力的机会，使他们犹如大航海时代的探险家、航海家，能够在新大陆中找到属于自己的"宝藏"。任何一种创意都将被沉淀为数字形态，通过 NFT 进行确权，沉淀为资产，进入流通市场实现价值增值，为创作者提供巨大的激励。这将推动创造力的大爆发，真正具备核心价值的参与者将从中获益，比如罗布乐思（Roblox）里有普通个人用户开发的各种各样的游戏，并有不少用户凭借开发的游戏获得收益。

过往时代人才被发现的传统方式，无论是汉代的"举孝廉"还是隋唐开始的"科举制"，均是低效而多耗的；元宇宙时代将最大限度地释放每一位用户的创造力，对普通人而言是极为友好的。但需注意到，一方面，竞争会加剧，元宇宙中的用户除了人之外，还包括虚拟数字人、机器人这些与人在一条起跑线上的竞争者；另一方面，有竞争就有合作，借助与 AI 的协作，人作为用户的创造能力将大幅提升。

第二节
NFT 机制：金融属性最为突出

回顾 NFT 的发展历程，从 2012 年彩色币（Colored Coin）的出现到 2021 年 NFT 的快速崛起，NFT 历经萌芽、成长、崛起三大发展阶段。

萌芽阶段：2012 年，第一个类似 NFT 的通证彩色币诞生。彩色币由小面额的比特币组成，最小单位是聪（satoshi）。彩色币可代表多种资产，包括财产、优惠券、发行公司股份等。彩色币通过链上的备注实现多种资产的象征，展现出现实资产上链的可塑性，奠定了 NFT 的发展基础。彩色币的诞生让人们意识到将资产发行到区块链上的巨大潜力。2014年，罗伯特·德莫迪（Robert Dermody）、亚当·克伦斯坦（Adam Krellenstein）和埃文·瓦格纳（Evan Wagner）创立Counterparty。这是一个点对点的金融平台，并于比特币区块链之上建立了分布式开源互联网协议。Counterparty 支持资产创建，拥有去中心化交易所（DEX）、XCP 合约币及许多项目和资产，包括卡牌游戏和 Meme[①] 交易。而真正推动 NFT 出现的便是在 Counterparty 上创建的 Rare Pepes——将热门 Meme 悲伤蛙做成 NFT 的应用。

成长阶段：2017 年，真正意义上第一个 NFT 项目，即虚拟形象收藏品 CryptoPunks 诞生，并最早启发了 ERC-721 通证标准。它通过改造 ERC-20 合约发行通证，生成了 10 000 个完全不同的 24×24、8 位像素风格的艺术图像，开创性地将图像作为加密资产引入加密货币领域。同年年底，Dapper Labs 团队受到 CryptoPunks 的启发，推出了专门面向构建 NFT 的 ERC-721 通证标准，并且基于 ERC-721 通证标准推

---

① Meme：模因，指突然被人们自发传播和宣传的事物，如表情包、段子等。

出了一款宠物养育游戏加密猫（CryptoKitties），每一只数字猫都是独一无二的。一经推出，CryptoKitties迅速走红，成为市场主流，NFT开始受到市场广泛关注。

崛起阶段：2018—2019年，NFT生态大规模增长，OpenSea、SuperRare等NFT交易平台迅速崛起。2020年市场投资风险偏好提升，Flow公链上线，NFT与DeFi结合衍生出很多新的玩法，Dapper Labs发布NBA球员卡收藏品NBA Top Shot。各界明星先后通过各种NFT平台发布了其专属的NFT，将NFT推向大众视野。2021年中，数字宠物养成与战斗游戏Axie Infinity迅速"出圈"、风靡全球。[1]

在元宇宙时代，NFT将远不止艺术品收藏和头像图片、数字IP这些初级和浅层次玩法，其天然具有的金融属性可以用来重构现有的诸多经济模型与生产关系。不管是在数字经济领域，还是在传统经济领域，NFT将成为元宇宙时代的经济体系的核心要素之一，金融属性突出。

NFT在元宇宙时代将发挥如此重要作用的原因主要来自两大价值认同：一方面，基于区块链技术，数字资产的"去中心化"和"唯一标识"得到技术层面的价值认可；另一方

---

[1] 腾讯网.一文读懂NFT：全面解析NFT发展简史、价值及未来［Z/OL］.（2021-09-12）.https://new.qq.com/rain/a/20210911A07JFI00.

面，用户在一系列的"破圈"事件带动下，开始认可数字资产的稀缺性及价值。

首先，NFT 的发行是基于区块链技术的，区块链技术是保证其实现去中心化的分布式社会中人与人之间信任、协同的技术基础。自 1990 年互联网出现以来，其发展经历了以"电脑＋网页"为核心的 Web1.0 时代、以"智能手机＋应用"为核心的 Web2.0 时代，正在迈进以"多端入口＋去中心化平台"为核心的 Web3.0 时代。Web2.0 时代解决了各主体间的信息流通问题，但并未解决在数据流通之上的价值流动问题，用户的数据掌握在互联网巨头公司手中，所有权与使用权分离。在 Web3.0 时代，NFT 去中心化的特质使得数据被归还给用户本身，为用户提供了选择权，避免了个人信息泄露（图 2-4）。因此通过 NFT 进行确权，资产的价值能够获得广泛的认可。

其次，NFT 与比特币、以太币等同质化通证（如现实货币、虚拟货币）相比，本质上的差异在于 NFT 锚定的是非同质化资产的价值，第一个 NFT 在 ERC-20 合约发行通证基础上进行改进，而其后的 ERC-721 是专门面向构建 NFT 的标准，由此构建的 NFT 具有三个属性：（1）唯一性，每个 NFT 具有不同属性，这些属性通常存储在代币的元数据中；（2）稀缺性，一般仅有少量 NFT 只有一个副本，代币数量可以在区

第二章 NFT 的魔法棒：从数字内容到数字资产

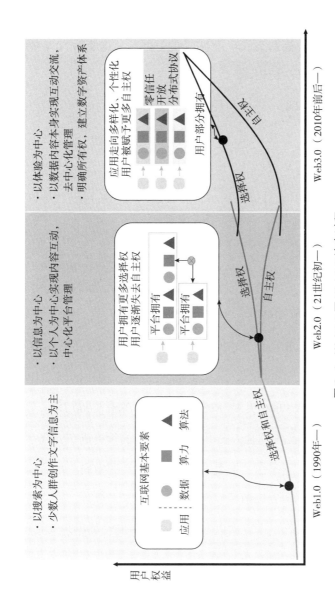

图 2-4 Web1.0 至 Web3.0 演变过程

资料来源：Fyrfly Venture，可信区块链推进计划，德勤

069

块链上验证;(3)可证明性、不可分割性,大多数 NFT 无法拆分,因此不能购买或转让 NFT 的一部分。这使得 NFT 能够对资产形成唯一标识。

最后,NFT 能够表征任何形态的利益,包括权利、资历、福利、待遇、身份、道具、积分、许可,这些利益既可以是线上的,也可以是线下的,所以能够保证不同形态的资产都可以借助 NFT 进行价值表示,同时相互之间可以进行价值交互。由于前期 NFT 项目被市场认可,卖到很高的价格,加速了 NFT 被市场与大众广泛认可与接受。特别是在艺术品领域的应用较为广泛,许多创作者非常愿意将其作品发行为 NFT,因为 NFT 能够帮助其被大众看到,从而被定价,提高其作品的变现效率。例如,2021 年 3 月,昵称为"Beeple"的美国艺术家迈克·温克尔曼(Mike Winkelman)创作的数字作品《每一天:前 5 000 天》(*Everydays: The First 5 000 Days*)以 69 346 250 美元(约合人民币 4.51 亿元)的价格成交,这一成交价是在世艺术家作品拍卖第三高价,刷新了数码艺术品拍卖纪录,以及网上专场拍品最高成交价等纪录。此外,这一拍卖也是大型拍卖行史上首次以 NFT 形式拍卖的纯数码艺术品。[①]

---

① 新京报. 佳士得拍出 Beeple 数码艺术品:近 7 千万美元成交刷新纪录[Z/OL].(2021-03-13). https://www.sohu.com/a/455503684_114988.

目前，NFT已经在推动资产加速流转方面发挥了重要作用。根据NonFungible的跟踪数据，以太坊区块链上NFT二级市场成交额占比自2021年8月行业起量后一直维持在80%—90%，从2021年1月的43.5%提升至2022年4月的93.4%，可见NFT交易越来越集中在二级市场（图2-5）。而二级市场占主导地位的情况也反映出国外NFT市场趋于成熟。

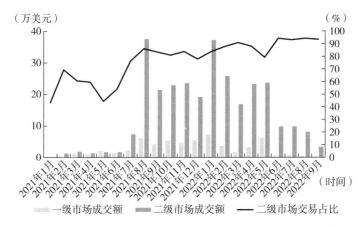

图2-5 2021年1月—2022年9月海外NFT一级、二级市场成交额及二级市场交易占比变化

资料来源：NonFungible

除数字资产上链之外，预计在未来，金融领域中的股票、私募股权等传统资产或将以NFT的形式上链，可以在很大程度上提高金融资产的流动性；同时资产的链上确权、抵押、清算、交易成本都会更低。去中心化金融（DeFi）自2020年

起迅猛发展,以Compound(DeFi借贷平台)流动性挖矿开始,流量、资金量不断扩张,至去中心化交易所流通性挖矿又兴起第二波热潮。DeFi作为使用加密通证或DeFi协议来进一步丰富NFT的盈利模式,主要有五条路径,分别是治理通证、收入分成通证、DeFi认购、DeFi抵押、原生通证。

治理通证:游戏开发者可以通过向社区成员出售治理通证来赚钱。持有治理通证的用户将能够对新功能进行投票,甚至可以提出想要构建的新功能。治理通证的主要缺点是可持续性差,游戏开发者可能会创建固定数量的治理通证,最终出售治理通证所产生的收入将降为零。

收入分成通证:游戏开发者还可以推出具有收入分成功能的通证。虚拟世界平台可以推出一款收入分成的通证,该通证与游戏开发者按照一定比例分配游戏内部交易费用。该通证可以激励双方积极增加游戏内部经济活动,如创造商品与服务。

DeFi认购:用户将加密资产投入DeFi协议或资金池中,并将产生的收益提供给游戏开发者。用户可以将100个DAI(一种去中心化的稳定币)放入货币市场协议Compound中,而收益归游戏开发者。

DeFi抵押:这是一种游戏开发者参与度更高的商业模式,

游戏开发者自己推出质押服务，用户必须使用该服务才能玩游戏。所有收益将直接流向游戏开发者，作为用户玩游戏的补偿。

原生通证：NFT 项目也可以直接推出自己的通证作为盈利方式。游戏开发者要求只能使用原生通证购买游戏/虚拟世界中的资产。

此外，NIFTEX、NFTfi 等平台为 NFT 创造了全新的商业模式——拆分、抵押（图 2-6）。

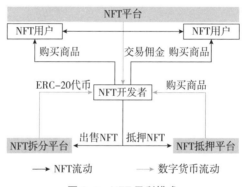

图 2-6　NFT 盈利模式

资料来源：头豹研究院

拆分：NFT 拆分平台 NIFTEX 允许用户投入高价值的 NFT，并将其拆分为 10 000 个 ERC-20 合约发行通证进行市场交易。这种方法可能仅适用于已经建立、具有较多人数且充满活力的社区的 NFT 项目。

抵押：游戏开发者利用 NFTfi 等 NFT 抵押贷款平台创造的资产作为抵押获得贷款。开发者无须耗费数周时间通过银行系统拿到贷款，只需将其资产作为抵押就能立即获得贷款要约。抵押并不完全是一种盈利模式，但是对团队而言是一种获得短期现金流的可行办法。

NFT 具有较强的金融属性，也能够从技术上支撑相关的金融产品的开发，海外对 NFT 二级市场交易容忍度高，NFT 价格会随市场行情和供需关系而波动，这使得海外 NFT 高度金融化。但是考虑到 NFT 同样存在投机炒作及潜在的洗钱等风险，在政策制度尚不完善的情况下，目前国内监管对 NFT 金融化倾向采取非常谨慎的态度。2022 年 4 月，中国互联网金融协会、中国银行业协会、中国证券业协会共同发起倡议，坚决遏制 NFT 金融化、证券化倾向。因此，国内目前对待 NFT 的态度主要是希望其能发挥在推动产业数字化、数字产业化方面的正面作用，在金融方面的应用暂时还不成熟，有待进一步完善。

第三节
NFT 是元宇宙世界运行的精髓

当我们谈到 NFT 时，总会提及区块链、数字货币、数字资产、数字经济、元宇宙等相关的概念。NFT 是指发行在区块链上的数字资产，具备不可分割、不可替代、独一无二等特点。以上是对 NFT 较为简单的解释，那 NFT 到底是什么？它与区块链、数字经济、元宇宙等之间有何种关系？NFT 在其中起到了什么作用？

在分析 NFT 对元宇宙世界运行的意义之前，我们先从数字经济谈起，NFT 的兴起其实是顺应了数字经济的发展趋势。然后我们再去回答，随着数字经济的发展，为什么我们需要了解 NFT 背后的底层技术与机制。

社会经济发展的过程，是社会经济系统更新迭代的过程，也是核心生产要素不断发展的过程。人类在进入信息化时代之后，尤其是 PC/ 移动互联网的发展，加速了社会的数字化进程。回溯过去 85 年的计算文明史，"个人计算机 + 互联网"是最早的计算平台,人类借此拿到了进入数字世界的钥匙;"智能手机+移动互联网"形成了第二波信息科技浪潮,打开了人类进入数字世界的大门;目前我们正处于移动互联网红利见顶后、元宇宙作为新计算平台的混沌阶段,处于以VR/AR、智能汽车、机器人为代表的新硬件正在取代智能手机这一信息平台的交互升级中(图2-7)。元宇宙展示了第三次计算文明的一种范式——继信息化走向数字化后,数字化必将走向智能化。因此元宇宙不仅面向普通用户,而且面向企业、城市等。

图 2-7　三次计算文明的迭代带来的数字化变化

资料来源:安信证券研究中心

按照以上演进路径来看,互联网的进化方向永远是通过硬件与成本的优化让人逐渐摆脱实体,进而转移到数字空间。目前我们的社会正处于深度数字化的过程中。数字化是指通过信息系统、物联传感等数字技术将社会生活与经济活动抽象化、数字化,形成可供记录、储存、交互的海量数据、信息与知识。农业经济时代的核心生产要素是土地和劳动，工业经济时代的核心生产要素是资本和技术，而在数字经济时代，新型生产要素——数据一跃成为核心生产要素。社会经济随着生产要素的变革，快速推进从生产要素到生产力再到生产关系的全面、系统变革。

伴随着数字化的进程，越来越多的行业拥抱互联网，这会产生大量的数据。数据逐渐变成了一个新的生产要素，可以用来改造行业，无论是挖掘行业被忽略的价值，还是提高作业效率。数据的用处越来越多，人们也逐渐认可数据本身也是资产。

但数字化程度越高，对安全的挑战就越大。虽然人类进入信息化、数字化时代之后，人类文明与生产力得到了极大发展，但是从安全角度来看，大数据时代也带来了诸多矛盾与问题。一方面，我们希望数据得到更多的应用，因此就需要更开放；另一方面，开放也意味着数据或数字内容可能出现很多隐私和安全相关的问题，如盗版传播、数据乱用，因此需要更封闭。另外，PC/移动互联网时代的中心化的互联网平台赚取了大部分的利润，不断挤压中小合作伙伴或平台生态的创作者的利润空间。比如用户为社区贡献了力量，而未被给予相应的价值奖励，这可能是因为，在数字世界中一直没有高效便捷的方法进行"价值表示"与"价值转移"。此时,一个能使数据"可用而不可见"以保护用户隐私与权益的全新技术就显得很有必要。

在数字化时代,区块链提供了一个很好的信任机制。区块链技术给数字世界中的价值表示与价值转移提供了解决方案,去除了处在中间的可信第三方,实现了完全的去中心化,让网络本身来扮演信用中介的角色,进行转移价值与记录,即区块链能够在没有可信第三方协助的情况下,帮助人们之间建立起信任关系。

社会的数字化程度越高,对区块链的依赖性越强。区块链本身也是依托数字网络而存在,非常依赖于数字化的建设进程。当数字化程度足够高的时候,造假的后果就会非常严重。当超级管理员拥有了全公司所有的数据,他就可以轻易地修改或关闭一个超级大的账单,因此需要一个机制来对其进行制约与平衡。显然,第三方的技术更加合理。另外,在数据市场越来越繁荣时,数据流转和变现与数据安全之间产生了矛盾,这是传统数据库的痛点之一。若将区块链与多方安全计算技术结合,形成新的技术解决方案,就使得数据可以使用但又不可见。

在越缺乏信用或者越需要信用的场景,区块链的价值就越大。以司法体系为例，区块链的技术提供了一个更公平的模式。在传统的司法体系中，由于证据不完整且可篡改，最基本的取证环节都困难重重，而区块链技术可以很好地解决这种问题。因为从交易发生的那一刻起，甚至在发生之前，区块链就进行了实名认证，记录了交易，而这个区块链的联盟节点在法院。当纠纷产生后，这些证据可以一键提交到互联网法院，法官可以在线受理。这可以最大化保障弱势群众的权益，因为强势的公司有更大的能力去采集数据，而普通人往往很难搜集足够的证据自证。

未来的元宇宙一定是一个高度复杂的数字化空间，相应的数字资产也会前所未有的丰富，若没有新技术、新机制的加持，数字资产的安全问题将会更加严重。与从Web1.0向Web2.0的更迭不同，作为NFT底层框架的区块链技术不再是传统互联网技术的简单迭代，而是数字技术革命性的发展。未来在元宇宙中，现实世界的事物将会越来越多地投射到虚拟世界中，需要基于互联网传递的价值也会越来越多且更加繁杂，那该由谁来解决价值传递过程中的信任问题？区块链是目前来看最为适配的、可行的技术解决手段。虽然区块链不能塑造出元宇宙，但它却是元宇宙被塑造过程中关键的一环，帮助元宇宙完成了底层的进化。元宇宙的一大重要特征是具备一套虚拟与现实相通的经济体系,区块链则是这个经济体系的底层架构之一。

提起区块链不能不提"币",但区块链不等于各种币,币只是区块链经济生态中的一部分。"通证"是指"可流通的加密数字权益证明",是区块链的价值表示与价值转移这两个功能实现的价值表示物。将资产通证化,即将资产转变成数字资产。其优点有二:一是在市场上交易时,让市场帮助发现其价格,二是在流动周转中增加资产价值。

区块链上的数字加密货币分为FT与NFT两种,其中NFT具有不可分割、不可替代、独一无二等特点,可以锚定非货币的其他所有类型的资产,比如实物、产权、证书等,NFT与FT一并构成了虚拟世界中的加密资产。

元宇宙是一个足够开放的世界,元宇宙中的每个"原住民"都将参与数字新世界的构建,他们既是数字新世界的使用者,也是数字新世界的建造师。数字内容的创造者、爱好者、消费者、收藏者等同时构成了社区,因此,在未来的元宇宙中,数据资产将极大丰富。

但如何衡量各个创作者对数字世界的贡献度?目前来看,NFT的去中心化属性及金融属性天然就与元宇宙的开放性相契合,在区块链技术支持下的NFT可以使元宇宙中的数字资产实现高效确权、交易。

从微观层面看,以游戏玩家为例,NFT 的去中心化属性赋予了元宇宙中的玩家最贴近现实的真实感。在没有 NFT 的元宇宙中,玩家会始终清楚地知道自己获得的一切都是掌握在大机构手中,因此他们会更倾向于认为这就是个游戏而已。而基于 NFT 运行的元宇宙,玩家可以认知到在其中所创作或获得的一切资产都属于自己,而不属于某一个机构,玩家自己拥有对这些资产的绝对处置权。这样的元宇宙才是虚实融合的真实世界,而不只是一个游戏。

从宏观层面看,从文化产业的角度出发,NFT 的出现正在为文化 IP 带来两大变革。一是 NFT 开拓了 IP 授权新模式,提升了 IP 合作效率。传统 IP 授权模式存在一些弊端,比如链条长、效率低、不透明,这种模式会被元宇宙的创新所摒弃。未来元宇宙中的 IP 授权预计会以发行 NFT 的方式来进行,在 NFT 加持下的 IP 授权模式能大幅简化 IP 授权的手续和链条,极大提升 IP 合作的效率,进而提升 IP 变现的效率。二是 NFT 打破了巨头垄断利润的格局,实现了收益的共创共享。在传统的 IP 创作和运营的模式下,IP 的版权与大部分的收益往往归属于头部的中心化机构。以迪士尼为例,一方面,一个个由人创作出来的卡通虚拟形象并不属于创作者本身,而属于迪士尼集团,且后续人们基于初始形象进行的二次创作也存在版权归属问题;另一方面,迪士尼凭借先发优势及成熟的运营体系,已建立起强大的 IP 矩阵,强者恒强,中小竞争者以传统的 IP 孵化方式很难撼动迪士尼的地位。NFT 则带来了新的 IP 孵化与商业化的思路——群策群力,共创共享,比如无聊猿在走一条不同于迪士尼的 IP 孵化之路,其发售的 NFT 赋予了购买者完整的商业使用权,即买家不仅拥有了一份虚拟资产,还拥有了对其进行二次创作与商业化运营的权利。这其实将 IP 的权利与期望收益赋予了每一位 NFT 的拥有者,进而促进了无聊猿这一 IP 的迅速发展与变现。

这种以发行 NFT 来进行 IP 孵化与商业化的模式正在被越来越多的公司所采用,以"共创+版权自主运营+社群运营"的方式进行 IP 的运作,正在为文化产业带来巨大变革。

总结来说,Web1.0 时代,电子邮件通知服务(ENS)只有文字,后来的社交网络服务(SNS)开始了图片社交,这些都是二维的。元宇宙是新的网络,是三维数字空间。Web3.0 是新规则,是一套去中心化的生产资料分配规则,但去中心化未必是权利的去中心化,也可能是在合规监管下商业上的去中心化。如果将数据定义为数字经济里的生产资料,数据在商业上的去中心化反而更有利于企业层面的共同富裕。NFT 是新要素，是在元宇宙场景中根据Web3.0新规则分配的要素，具体可以表现为商品、数据、权益等。

第四节
NFT作用于"未来"的魅力更大

区块链及建立在其之上的数字加密货币的应用确实会对诸多行业带来革新，但是区块链相关技术的应用前景与各行各业的数字化程度相关。对于数字化程度还不够高的行业，需要先对行业进行数字化改造，再进行区块链的改造。因此，从区块链相关技术的应用层来看，第一层是行业的数字化改造，第二层是区块链的改造，第三层是资产化的改造，最后一层才是金融化的改造，即资产的证券化，此时的NFT才能充分发挥其作为通证的价值。

从比特币到以太坊，价值互联网的关键基础构件之一"通证"被广泛认知。2017年以太坊订立的ERC-20通证标准的出现，让所有人都可以在以太坊上按照ERC-20通证标准编写智能合约，发行通证。创建通证、用通证获取资金的便利以及随之而来的财富效应，使得市场上通证的数量大幅增长，再加之 2017 年比特币与以太币的价格大幅上涨，这些因素综合起来引发了一场投机狂潮，各种"币"开始出现与发展，数字世界中数字资产的总价值暴涨。

无论是国内市场还是海外市场，目前的 NFT 赛道均存在不合规、不规范的问题。NFT 市场处于早期发展阶段，NFT 的核心功能未得到释放，且在版权、定价、技术、监管等方面存在较多痛点。

我国对虚拟货币的监管政策一向严格，虽然 NFT 与虚拟货币并不等同，但鉴于 NFT 与 FT 应用了相似的区块链技术基础，因此同样存在投机炒作及潜在的洗钱等风险。为防范上述风险，2021 年以来我国出台了相关规范政策。

2021 年 9 月，中国人民银行等十部门联合发布《关于进一步防范和处置虚拟货币交易炒作风险的通知》(银发〔2021〕237 号)，明确禁止虚拟货币在我国的流通使用。

2022 年 2 月 24 日，最高人民法院发布《关于修改〈最高人民法院关于审理非法集资刑事案件具体应用法律若干问题的解释〉的决定》，对原司法解释中有关非法吸收公众存款罪、集资诈骗罪的定罪处罚标准进行修改完善，增加了虚拟币交易等新型非法吸收资金的行为方式。

2022年4月13日,中国互联网金融协会、中国银行业协会、中国证券业协会联合发布《关于防范NFT相关金融风险的倡议》,主要提出两大倡议。一方面要坚持守正创新,发挥NFT赋能实体经济的作用。规范应用区块链技术,运用NFT推动产业数字化、数字产业化。另一方面要坚守行为底线,防范金融风险。坚决遏制NFT金融化、证券化倾向,从严防范非法金融活动风险。该倡议对防止数字藏品金融化、发挥数字藏品行业本身的文化价值具有重要意义。

总结来看,国内对NFT的监管态度较为严厉,相关政策比较严谨,政策导向则强调NFT为传统行业赋能。目前市场上所发行的大多数NFT是无用的,或者说并未产生实际的经济价值。NFT的发展任重而道远,需要技术的进步、政策的配套,以推动行业更好地向前。

2021年,NFT的"出圈"使得人们过多地关注NFT的货币金融特性,而忽视其立足于实体经济、为实体经济服务的价值。当下的NFT更多是聚焦于现有的一些标的产品,如IP与NFT结合可以为IP带来价值重估,应用领域还比较局限。但NFT及区块链上的智能合约和区块链上的力量是真正推动去中心化应用程序发挥效用的因素。我们可以将非同质化资产的力量及其所有好处结合起来,同时赋予其逻辑、效用和行为属性，使其拥有实际的增量效用，如将资源优势或人的创造力充分利用起来。

NFT 的潜力还未充分开发出来，其作用于未来的魅力更大。当下 NFT 市场中两个顶流的 NFT 项目为 CryptoPunks 与 BAYC，前者在 NFT 的历史定位中找到了自身的价值，后者的成功则是因为开创了 Web3.0 社区社群互动的新型应用。但放眼未来，NFT 的应用远不止于此，应该有更宏大的叙事、更伟大的场景。所以当下 NFT 领域亟须解决的问题是开创新的应用场景、新的应用方式。

数字经济的发展是大趋势。《"十四五"数字经济发展规划》《"十四五"国家信息化规划》都提到了数字化转型。2022 年 11 月，国家发改委发布《关于数字经济发展情况的报告》，在对下一步工作的安排中提出：统筹发展和安全，坚持科技自立自强，以数据为关键要素，不断做强做优做大我国数字经济；到 2025 年，数字经济迈向全面扩展期；展望 2035 年，数字经济将迈向繁荣成熟期。

NFT 预计是数字经济发展进程中的重要一环。NFT 作为一项区块链技术创新应用，在丰富数字经济模式、促进文创产业发展等方面显现出了潜力。数字经济就是要把经济活动整个过程数字化，NFT 在数字经济发展中的作用在于其是商品和服务数字化的一个技术工具，是一种比较安全的实现特定数字内容、匹配特定交易对象的技术手段。举例来说，在更早期的数字化进程中，扫一下商店或超市中的条形码，就可以获取商品的价格等信息，这实际上就是用一种初级的形式来对商品进行数字化。而NFT在初级数字化基础之上，通过区块链和智能合约增加了信任机制。在数据越来越多的经济环境中，NFT加持下的商品和服务、数字内容或特定权益的交易也会更加高效与安全。

以数据为例，每个人都有大量冗余的数据，在数据市场越来越繁荣时，数据流转和变现与数据安全之间产生了矛盾，这是传统数据库无法解决的。但若以NFT去锚定一些数据，将个体的数据资产化，并在未来形成可交易的资产对象，个体数据也许可以持续产生收入。

以元宇宙内容为例，人们在元宇宙上创作的内容可能在某一天成为知名IP，因此在早期可以通过区块链与NFT的方式完成元宇宙资产的确权，为元宇宙资产的未来交易提供可能性，让大家在娱乐中获得全球可流通的资产。

有一种方法看起来很简单，即将中外历史上的所有知名作品，都用NFT加持，实现既有IP的NFT化，以"协同方"的身份取得一批批NFT，进而构建各自的商业模式。这种方式的可取之处，在于赋予过往知名作品以新时代的流动性，通过增加流动性创造未来的更多可能性。但是，这并不是 NFT 的主战场，NFT 作用于"未来"的魅力更大，即先构建业态，基于业态催生用户创造新的作品，在创造的同时配以 NFT 的机制。一方面，NFT 可以激发用户的创造性；另一方面，将 NFT 作为一种机制，可以重塑生产关系，进而刺激出更多商业模式与创新。

第三章

虚拟人的重大意义

虚拟人让人作为元宇宙的用户,被赋予了应用"分身"与"化身"的机会——分身可以给用户的时间"加杠杆",化身可以克服距离问题,显现在远方某个需要你"亲自"到场去交互的场景。它们能在时间与空间上给人的主观能动性大幅"加杠杆"。

从研究架构上看,虚拟人首先是人进入元宇宙的身份,也是用户新一轮虚拟化的开始(相较于移动互联网时代)。从技术上看,虚拟人是 AI 的定向产业化。从应用上看,虚拟人很可能是元宇宙这一新时空构建过程中所有基础设施建设的"圆心"之所在——其他的构建则围绕虚拟人进行。

第一节
人进入元宇宙的身份

互联网的出现将人类大规模地带入了虚拟的数字世界中，时至今日我们的生活已经离不开互联网，现实生活的数字化程度已经达到了很高的水平。但是我们认为，整体而言，线上的数字化世界与现实物理世界仍是相对分割的两个世界，人类从现实物理世界进入虚拟世界仍需要一个身份标识来代表自己与其他人进行交互，并且区分各自的身份。

假如我们把隐藏在真实世界背后的某一处时空看作虚拟世界，那么这种身份对应的历史可以回溯到古代。比如古代江湖中的侠士会有对应的名号来代表自己的身份。在书信时代，人们会为自己取笔名与亲戚友人通信，或者在报纸、杂志上发表观点文章等。一个最广为人知的案例，就是我们从小在语文课本中学习的1918年周树人首次以"鲁迅"为笔名，在《新青年》上发表了中国历史上第一篇用现代形式创作的短篇白话文小说——《狂人日记》，在新文化运动中对批判封建礼教的糟粕产生了深刻的影响。在电报、电话时代，人们通常用一串数字如电报所属的频段或者是一串电话号码代表一个身份。所以在互联网出现之前，人们进入虚拟世界时主要用文字或者数字代表自己的身份，基本上是一个单点的代号。

在 PC 互联网时代，用户身份在文字、数字代号的基础上增加了二维形式的图片。20 世纪末，中国开始迈入 PC 互联网时代，水木清华、南京大学小百合、北大未名等高校 BBS 在各地如雨后春笋般全面开花。至 2000 年，网易、腾讯、搜狐、新浪四大门户网站相继成立，其门户论坛也相继推出。自此，BBS 开始与社区结合，论坛一时间成为广大网民畅所欲言的绝佳场所。在 BBS 时代，用户在不同的论坛有着各自的卡通头像。此外，1999 年腾讯开发了 QQ，用户注册后会有对应的 QQ 号，用户需要为自己设置 QQ 名称及头像。论坛头像、QQ 头像代表了用户的喜好、对自己的期待，也提供了更多的信息帮助刚刚认识的好友通过 QQ 头像判断用户的性格，作为沟通交流的参考。

2003 年，腾讯公司在调查了韩国 Avatar 网络娱乐产品后推出了自己的虚拟形象产品——QQ 秀。用户可以在聊天框的侧边展示自己的虚拟形象，在 QQ 商城购买道具后，根据自己的审美自行搭配服饰，如西服、裙子、牛仔裤等。QQ秀往往是公开的，每个好友都能看见自己精心打扮的虚拟形象，这极大地满足了年轻用户彰显自我、表达个性的需求，也助力腾讯打开了商业化局面。[①] 相较于QQ头像，QQ秀增加了一些五官特征、服饰等因素，为用户提供机会去生成一个更加立体的虚拟身份。

进入移动互联网时代，微信接替QQ主导了用户社交，用户在虚拟空间的身份标识在形式上变化不大，仍以昵称、二维头像为主。但在移动互联网时代微信主导熟人社交的格局下，仍然有很多创业者试图寻找社交领域垂直赛道的生存空间，绞尽脑汁为用户打造个性化的体验，相关的产品不断涌现。2013年的脸萌为用户提供数十种发型、五官选择，主打定制个人专属卡通形象。2018年ZEPETO在小红书等社交媒体上迅速蹿红。相比于脸萌，ZEPETO在虚拟形象设计上更进一步，支持打造3D个性化人物，用户还可以上传自己的照片进行拟真性设计；ZEPETO的交互性也更强，在账号的联结下，用户可以与朋友进行虚拟形象合影；平台还提供榜

---

① 腾讯网.想象与互动：拟象空间中的虚拟形象社交［Z/OL］.（2022-03-29）. https://www.163.com/dy/article/H43O9IMU0511805E.html.

单展示，满足用户展示自我、拓展交友圈的需求。[1]

总结这些身份特征的变化，我们可以梳理出较为清晰的主线，即从书信时代的笔名，以及PC互联网时代的QQ头像、QQ秀，到移动互联网时代的微信头像、脸萌、ZEPETO，代表人们进入虚拟世界的身份形象逐步向更立体的方向升级，从一维文字到二维图片，目前正逐步向三维形象升级。但是当前的三维形象拟真性相对比较初级，用户上传照片后被识别出的形象仍是基于一些相对标准的类型库，形象定制的精细度仍有待进一步提升。

随着VR、5G等信息技术的发展，目前互联网虚拟世界正朝着"元宇宙"全速前进。

一方面，随着元宇宙的起步，越来越多的互联网公司开始打造自己的虚拟空间，比如Decentraland、百度希壤等。每个用户进入虚拟空间就会拥有至少一个可个性化装扮的虚拟化身，用以在虚拟空间中行动，或与其他用户交流互动。这些化身可以理解为虚拟人的初级形态，但是这也向我们展示了未来人进入元宇宙世界的一种可能的交互形态。

另一方面，2022年一款多人在线VR社交游戏*VRChat*

---

[1] 腾讯网. 想象与互动：拟象空间中的虚拟形象社交［Z/OL］.（2022-03-29）. https://www.163.com/dy/article/H43O9IMU0511805E.html.

大火，该游戏借助外置可穿戴设备，支持音频唇形同步、眼球眨眼追踪、运动范围捕捉等多方面的状态采集。相比于 QQ 秀、ZEPETO 等以定制形象"出圈"的虚拟社交游戏，*VRChat* 里的人物不再只是一个平面形象，而是可以实时反映真实躯体行为的虚拟化身形象，拥有了更多自由活动的空间[①]。我们认为 VR/AR 有望成为下一代通用计算平台的入口，目前 *VRChat* 中所使用的虚拟形象将作为一种向元宇宙过渡的形象，供我们想象。

展望未来发展，虚拟人在表现形式上将继续呈现巨大的升级，包括以下几个关键的方向。

第一，虚拟化身形象将进一步由 2D、2.5D 向 3D 方向升级。在 3D 建模、实时渲染等技术支持下，虚拟人将具有写实的容貌与体型，不仅仅基于面部识别，身高、体重、体态、躯体行为、眼神都将被带入虚拟身份特征中。在当前的技术能力下，用户只能在有限的类型库中选择身份特征样式，较难自由发挥；而未来，用户完全可以基于自己的身份特征进行设置，也可以脱离现实特点进行想象、创造，而且创造后的身份还可以通过 NFT 的方式确权为用户的资产，不受平台

---

① 腾讯网. 想象与互动：拟象空间中的虚拟形象社交［Z/OL］.（2022-03-29）. https://www.163.com/dy/article/H43O9IMU0511805E.html.

方的控制。

第二，不同主体间的交互将得到全面的实时反馈。在元宇宙世界中，现实与虚拟身份的边界将被彻底打破，人与人、人与虚拟人等交互主体在虚拟世界中可以实时获得交互反馈，并且能将其实时反馈至真实物理世界，甚至不需要借助任何的交互设备。用户可以自由穿梭在现实物理世界与虚拟世界，甚至在不同的虚拟时空中来去自如，交互体验的反馈时差将实现完全无感的沉浸。

第二节
又一轮匿名化社交的开始

虚拟世界中用户的对应身份除了表现形式上的升级之外，由于现实与虚拟的分割边界被逐步融合，也逐渐由匿名化走向实名化。从单个用户的行为来看，尽管人们仍主要采用二维的图片作为微信、微博、抖音等社交平台的头像，相较于 20 年前 QQ 刚出现时的差异并不是很大，但实际上用户的每一次日常行为都隐藏着自己的"人设"。用户更换的每一个头像，发布的每一条状态、每一张照片都在塑造自己在社交网络中的"身份"，在大数据技术的支撑下，各个平台上各不相关的行为都可以交叉验证从而描绘出粗略的用户画像，用户真实身份几乎被暴露在虚拟世界中。

此外，微信的熟人社交属性、基于现实职场的在线办公等交互场景都在将真实世界的用户身份与虚拟世界进行对应。而且为了保证用户线上行为的安全性，特别是交易行为的安全性，目前很多平台都要求用户上传身份证进行实名认证，同时需要通过人脸识别验证真实身份。这些行为本质上也在将用户进入虚拟世界的身份由匿名化推向实名化。

受益于移动互联网的快速普及，这种实名化趋势在过去几乎实现了所有人的身份在现实物理世界和虚拟世界的一一对应。1999 年 QQ 诞生初期，中国仅有少数家庭能够上网。根据中国互联网络信息中心（CNNIC）发布的《中国互联网络发展状况统计报告》，截至 2022 年 6 月，中国互联网用户已经达到 10.51 亿人，占中国总人口的 74.4%。相较于 2021 年 12 月的数据，仅提高了 1.4 个百分点，互联网覆盖率基本稳定在这一水平，有条件进入互联网的用户已经基本被覆盖，中国互联网用户增长红利见顶。

互联网的升级还体现在用户在线时长的显著增长。PC 互联网时代主要满足了用户获取资讯的需求，到了移动互联网时代，用户的社交、娱乐、购物、交易、办公、出行等行为几乎都通过互联网完成，越来越多的用户行为线上化，使得用户将越来越多的时间花费在虚拟世界中。根据 CNNIC 的数据，截至 2022 年 6 月，我国网民的人均每周上网时长为 29.5 个小时，较 2021 年 12 月提升 1.0 个小时。剔除用户必需的休息时间与一些必须在线下完成的行为所需时间，用户能够在互联网上消耗时长的增长空间也变得有限。

用户在虚拟世界中的价值主要呈现为用户在线时长、可支配收入两个方面。当用户在线时长的增长空间有限时，平台则盯上了用户的可支配收入，于是我们看到平台将复购率（RPR）、用户生命周期价值（LTV）视为绩效指标，直播电商借助低价与主播劝说的方式引导用户下单，兴趣电商通过人工智能算法深度挖掘用户自身都没有认知到的潜在需求，使用户人均付费能力不断提升。但消费能力的根源仍取决于收入，当经济增长乏力时，用户在消费端的能力也将受限。

总结互联网发展至今所处的困境：互联网发展已经陷入一定的瓶颈期，用户规模红利见顶、用户在线时长增长空间有限，在经济受到疫情冲击的大环境下，进一步撬动人均消费能力并不合适，这也直接反映在互联网公司的经营增长乏力上，特别是在近两年，我们看到越来越多的互联网公司裁员、降薪等。

但元宇宙又让互联网公司看到了未来与机遇。根据普华永道预测，元宇宙市场规模在2030年将达到1.5万亿美元，海外的Meta、微软、英伟达高调入局，国内的百度、网易、字节跳动、阿里巴巴等头部企业先后推出了相关的元宇宙产品。在互联网公司眼中，元宇宙犹如一个等待被发掘的全新大陆。那么元宇宙带来的机遇是什么呢？

第一，用户在线时长将进一步提升。在元宇宙时代，现实物理世界与虚拟世界的边界被打破，人将通过虚拟数字人化身进入元宇宙世界，在其中进行创作、交互。我们特别强调，此处虚拟数字人为人在虚拟世界的化身，与现实物理世界的身份有一一对应的关系。由于元宇宙能够为人与人的交互带来更加沉浸式的体验，在一定程度上将带来交互效率的提升，比如在元宇宙会议室中可以实时呈现讨论的结果，这必将导致用户花费更多的时间沉浸在虚拟世界中。谁将获得用户这部分增量时长，谁便能获得更大的利益。

第二，交互场景变得多元且复杂，将衍生出更加丰富的服务需求。在现实物理世界，我们大部分人的工作只代表了自己能力与兴趣的一部分，而元宇宙为我们提供了实现"第二人生"的机会,人们可以借助虚拟数字人作为分身体验不同的身份。随着元宇宙虚拟世界的不断丰富,现实生活中的每个人都可以塑造自己的虚拟分身,每个人都会存在一个或多个虚拟分身活跃在多个元宇宙中。虚拟分身可以与自己并行做不同的事情,比如真实的人可以在家处理家庭事务,虚拟分身可以与同事和同学一同办公、学习、出席活动、参加培训等,还可以与好友的虚拟分身在虚拟空间中一起购物、看电影、观展、看演唱会等。另外,每一个虚拟分身都存在社交、娱乐、交易等不同的需求。所以,单一主体可以借助分身实现并行交互,同时增加了不同人的虚拟分身之间的交互。元宇宙场景预计将变得空前复杂,服务的需求也将随之衍生。

第三,借助虚拟分身可以有效放大个体优势,从而撬动时间杠杆,增加可支配收入。目前已经能够看到围绕明星 IP 运营展开的尝试,根据形象定位向泛娱乐内容产品和相关衍生品进行延伸,使自带粉丝与流量的真人明星运营 IP 化,挖掘并释放更大的明星价值。例如,韩国 SM 娱乐公司旗下女团 aespa,除了四名真人成员外,还设立了该四名成员的 AI 虚拟形象,进行虚拟数字活动,成为首个"元宇宙女子组合"。另外,明星数字虚拟分身的周边(玩偶、服装、配件等),甚至是以独立艺人身份在漫画、游戏等场景下的跨界合作,都是IP运营应用的拓展。[①]假如现在艺人每天只能参加3场活动,在元宇宙时代通过分身可以参加6场甚至12场活动(取决于分身的数量与时间安排),从而获得更多的收入。个体的收入增加后将有能力支撑消费,从而带来巨大的经济价值。

因此,我们认为虚拟人的价值不仅是作为人进入虚拟世界时所需要的身份,延续从PC互联网时代的QQ到移动互联网时代的脸萌、ZEPETO所展现出的表现形式的升级,其更深的价值在于:一方面,虚拟人作为人的化身,进一步突破现实物理世界时空的限制,使人更沉浸于虚拟世界,从而增加在线时长;另一方面,虚拟人作为人的分身,通过撬动时间杠杆的方式帮助人进一步增加可支配收入。

其中,我们认为最重要的,则是继PC互联网时代的匿名化社交、移动互联网时代的实名制社交后,元宇宙时代将开启新一轮匿名化社交。叠加2D向3D的升维、更多感官体验的增加,匿名化社交预计能释放出更多的社交活力,占据用户更多的"在线时长"与"可支配收入"。

[①] 德勤. 消费元宇宙开启下一个消费时代:重塑消费生活体验、激活数字经济系统[R/OL].(2022-09-01). https://www2.deloitte.com/cn/zh/pages/technology-media-and-telecommunications/articles/cn-tmt-consumption-metaverse-opens-the-next-era-of-consumption.html.

同时，在元宇宙中，不仅是一个个的虚拟人，这背后是以每一个真实的人为中心，衍化出一系列虚拟人作为分身或化身，即每一个真实的人需要管理多个主体。那么如何合理支配自己的在线时长？如何管理好化身与分身，从而实现可支配收入的最大化？这可能是元宇宙时代每个人都将面临的挑战。

第三节
AI 的定向产业化：AI 生成与驱动

虚拟人的本质是 AI，这里的 AI 与"AI 作画"的 AI 是同样的技术方向。因此，虚拟人可以看作 AI 的定向产业化，即定向于元宇宙中人的身份映射的产业化过程，包括 AI 生产虚拟人的形象，AI 驱动虚拟人的表情、动作等。

虚拟人的发展可以追溯到 20 世纪 80 年代，当时的制作手段以手工绘制为主。21 世纪初，CG、动作捕捉等计算机技术进步，取代传统手绘进行虚拟人的创作。近些年，得益于 AI 技术的发展，虚拟人的制作流程得到有效简化，且成本进一步降低,虚拟人行业开始快速发展,众多虚拟人在各行各业出现。

发展至今,虚拟人的生成涉及 CG、图形渲染、动作捕捉、深度学习与语音合成、人工智能等诸多技术,其制作过程可归纳为建模、驱动、渲染三大关键环节。其中虚拟数字人的建模生成是核心步骤之一,也是较为困难的一环,奠定了未来使用的基础。目前虚拟数字人的建模生成方式主要有三种,按照人工参与程度的高低,依次为纯人工建模、借助采集设备进行建模、利用人工智能进行建模(图 3-1)。同时涉及相关的软硬件,包括建模软件、驱动软件、渲染引擎、拍摄采集设备、光学器件、显示设备等。因此,虚拟人的上游投入集中在专业人才成本与相关的软硬件成本。

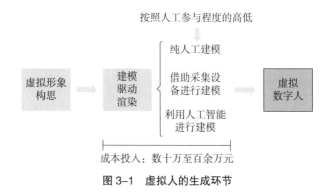

图 3-1 虚拟人的生成环节

一、AI 生成

（一）纯人工建模——成本高、产能低

纯人工建模的具体步骤为：（1）运用计算机软件画设计稿，描绘并建构出人物的三视图；（2）根据设计图纸确定人物三维的图形，运用 Maya、3DMax、ZBrush 等三维建模软件建立基本的三维模型；（3）除了建模师，虚拟人的运营需要团队的协作，虚拟人制作的其他环节还涉及贴图师、绑定师、动画师、道具师、三维场景设计师等。

目前纯人工建模方式仍在广泛使用，市场上一些超写实的虚拟人或者明星的虚拟人，均可以基于这种建模方式制作，但人工制作周期较长，且成本非常高。该种建模方式的成本主要跟人力相关，一是取决于制作团队的规模大小，二是取决于建模的精度要求，虚拟人越逼真、越精细，所需的建模时间与成本就会越高。虚拟人相关制作人员的平均薪资水平在 2021 年涨幅明显，随着元宇宙热度的上升而一路走高（表3-1）。

以虚拟人"邓丽君"为例，数字王国从 2014 年开始打造 1.0 版本的虚拟邓丽君，当时的技术难点主要在于没有足够的参考资料，复刻已故明星的虚拟形象基本上意味着从零开始

打造。虚拟邓丽君基本上是通过人工建模方式制作的，在当时技术条件还不成熟的情况下，制作团队参照了大量的邓丽君的过往照片、音频、视频，耗费了约一年半时间打造出虚拟邓丽君的面容、姿态与神韵。再比如影视特效公司运用CG等技术还原了已去世的保罗在《速度与激情7》中的演绎，相关建模、渲染成本增加了约5 000万美元。

表3–1 虚拟人相关制作人员的薪资水平及招聘要求

职位	薪资水平（元/月）	工资变化趋势	招聘要求
建模师	10 000—15 000	（2014—2021年趋势图，从约5千元上升至约12千元）	大专及以上，有工作经验，精通3DMax、Maya、ZBrush等相关软件，具有美术功底、3D模型制作能力等
绑定师	10 000—30 000	（2014—2021年趋势图，从约4千元上升至约18千元）	有动画或游戏行业绑定经验，能使用Maya独立完成骨骼绑定工作，有编程基础，熟悉动捕技术流程，熟悉Unity、Unreal等3D引擎，熟悉毛发、布料和角色配饰的设置及解算等
动画师	10 000—20 000	（2014—2021年趋势图，从约5千元上升至约13千元）	大专及以上学历，动画类专业，有动画行业的工作经验，熟练使用Maya、MotionBuilder或3DMax，对游戏引擎有了解，熟悉动画制作技巧等

续表

职位	薪资水平（元/月）	工资变化趋势	招聘要求
道具师	8 000—15 000	(千元) 2014—2021年走势图	有影视、广告或定格动画道具师工作经验，美术相关专业毕业
三维场景设计师	15 000—30 000	(千元) 2014—2021年走势图	美术相关专业，2年以上场景建模工作经验，熟悉PBR开发流程，熟练运用3DMax、Maya、Photoshop、Unity等软件

资料来源：职友集

目前超写实虚拟人的制作技术已有了突飞猛进的发展，制作一个与"虚拟邓丽君"同样水准的虚拟人只需要几个月，但成本依旧较为高昂，产能低。虚拟邓丽君的建模可以定义为影视级、超写实、高精度，应用场景有限，主要服务于特定的领域，比如舞台领域。影视级虚拟人无法在普通的电脑端直接进行驱动，需要动用众多相关电脑，甚至其渲染都需要一个网络来进行，比如现在有些地方建有渲染农场，在服务器空闲的时候进行渲染。

影视级虚拟人的前期建模成本为几百万到几千万元不等。制作周期取决于团队规模的大小，一般来说，一个20人的团队大约需要耗费约半年的时间。所以，从团队规模与制作周期来看，影视级虚拟人制作成本高的原因在于建模师、动画师等相关人员的工资待遇比较高。

（二）借助采集设备进行建模——成本适中、应用广泛

现今虚拟人的制作时间与成本已大幅降低，但影视级的虚拟人对众多品牌方来说仍然太贵。目前市场上大多数的虚拟人是成本相对较低的卡通画风形象，各类游戏中的游戏角色其实是早期的虚拟人，可以被称为"次时代游戏级虚拟人"。不同于影视级虚拟人，次时代游戏级虚拟人的渲染在电脑端或手机端就可以完成。考虑到用户的硬件运算能力，次时代游戏级虚拟人与超写实虚拟人在细节上有一定差距，即牺牲了一定的精细度，保证了画面的实时渲染。

目前次时代游戏级虚拟人的建模大多借助于外部扫描设备采集模型数据，数据的输入方式大致分为以下两种。

第一种，相机阵列扫描（图3-2）。使用上百台相机进行360度的环绕拍摄，构建三维模型，基于模型进行数据处理，然后转化成可以编辑的格式，再进行相关的贴图、绑定、动画制作等操作。相机阵列扫描方式的优点在于制作周期短、节省人力，可满足大多数虚拟人的建模需求，是当前虚拟人

建模的主流方式；缺点在于不能从底层模型去大幅度修改参数。

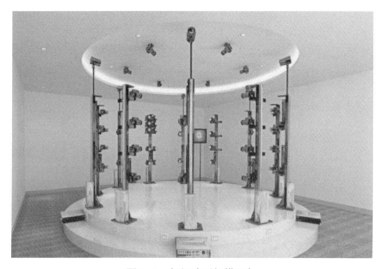

图 3-2 相机阵列扫描设备

资料来源：西博三维科技

第二种，结构光扫描（图 3-3）。利用三维扫描仪对人体、外部环境等进行扫描，建立点云数据（point cloud data），扫描精度越高，得到的点云数据越多，制作出的模型就越精细。相较前一种相机阵列扫描，结构光扫描是一种比较经济的扫描方案；但缺点在于扫描时间长，难以满足运动类目标的重建需求。

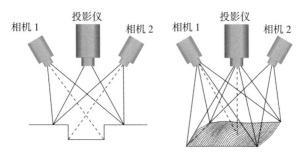

图 3-3　结构光扫描原理

资料来源：Wikipedia

与从零开始打造一个虚拟人相比，在有外部采集设备助力的情况下，虚拟人的建模成本就会低很多。该种建模方式的成本主要为设备与人员成本，在几十万至一两百万元不等，可以应用于游戏、电影（不需要超写实、高精度）等领域。模型的精细程度越高，则需要渲染的单元越多，成本就越高。

（三）利用人工智能进行建模——成本低、技术有待提高

利用人工智能技术来建模，依据的是算法与机器学习。机器能够自动生成虚拟人的前提是要获取足够多的数据，对大量的照片和视频进行分析，提取人的各种数据与信息，然后模拟出没有提取到的那部分数据。这不仅依靠算法公式，还要基于机器学习，建立在机器对大量人脸照片和视频广泛学习的基础之上。样本越多，算法生成的模型就越精准。

人工智能建模的优势在于能够大幅降低制作成本。依靠前述两种建模方式，制作一个次时代游戏级虚拟人至少需要几十万元的成本，还不包括后续的渲染、驱动等成本。但是通过人工智能技术进行建模，人力成本与时间成本都将降到很低的水平。以前团队需要耗费数月的时间进行建模，而人工智能技术可以在很短的时间内快速生成虚拟人，建模的过程无须人工参与，只在后期修缮环节需要人工参与，进而将建模成本控制在极低的范围内。

以近期大火的 AIGC 为例，相比于人进行绘画的创作，以 Stable Diffusion、Disco Diffusion 为代表的 AI 作画工具只需要数秒就可以依据文字描述生成图片内容，在一定程度上可以辅助人进行创作，节省大量的时间与金钱成本。AI 作画是 AIGC 落地的典型应用案例，展示了 AI 技术的突破进展。虽然目前的创作较为局限于二维的图片，但随着技术的迭代，AIGC 也会在三维建模方面发挥越来越大的作用。更重要的是，AIGC 会引导相关行业完成生产力与生产关系的重构。

人工智能建模的难点在于关键技术的突破。人工智能生成与驱动的虚拟人所呈现的效果受到语音识别（ASR）、自然语言处理（NLP）、语音合成（TTS）、语音驱动面部动画（ADFA）等技术的共同影响。目前人工智能建模还远不能完全取代纯人工建模与借助采集设备进行建模，尤其是对于超写实、影视级别的虚拟人，人工智能技术还不能完美地生成与驱动，算法过于复杂。即使突破了静态下高仿真的瓶颈，如何让虚拟人自然地交互，也是一大难题。人类可以从表情、肢体中读取丰富的非语言信息，因此虚拟人的表情、动作中一些细微的不自然都能被人们所察觉。人工智能建模结果就像 Siri 等虚拟助理一样，与真人存在一些差距，但仍在不断改进之中。

综上所述，目前市场上主流的虚拟人建模方式包括纯人工建模、借助采集设备建模与利用人工智能建模这三种，不同方式所适用的场景与所需的技术存在非常大的差异。由于人工智能建模方式依赖于长时间的机器学习以及技术的成熟度，因此当前制作虚拟人的方式仍然较为传统，国内虚拟人公司大多采用前两种建模方式。建模人员可以很好地把握虚拟人的精细度，尤其是超写实虚拟人的建模要求不仅是外形相似，动作、行为、神态等的后续驱动也是非常重要的环节，需要人员在后期进行大量调试工作。此外，声音也构成虚拟人的重要部分，如何让机器合成的声音更加自然、有情感，依旧是语音合成技术的一大难点，早期虚拟人如初音未来、洛天依等的声音，背后是由真人经过训练配音而成。

以上三种建模方式的参与公司可以大致分为两类：一类为传统 CG 公司，其核心技术为"美术"能力，通常更专注于后期技术；另一类以人工智能技术公司为代表，凭借技术进入虚拟人领域，大多专注于智能化生成。

2021 年，伴随着元宇宙的兴起，虚拟人备受瞩目，经过了一年的市场教育期，诸多入局方加速探索可落地的场景。现阶段虚拟人的制作公司仍以第一类公司为主，虚拟人的制作成本高昂且制作流程耗时，尤其是 3D 虚拟人的制作成本高达百万元，局限于 B 端应用，这在一定程度上制约了行业的大规模应用与发展。

人进入元宇宙，需要有自己的个性化身份，因此虚拟人 C 端市场广阔。随着用户从 PC/移动互联网迁移至元宇宙中，虚拟化身/分身的需求将会迅速增长。对用户而言，设置虚拟化身形态是进入虚拟世界的必要步骤，用户也可以根据自己的喜好设置多个形象迥异的分身。但虚拟人技术还远未达到元宇宙"千人千面"的个性化要求，短期内 C 端虚拟人的需求与创造力难以得到最大限度的释放。因此对参与方而言，C 端虚拟人市场需求有待被挖掘，商业模式也存在非常大的创新空间，比如形象定制付费、功能付费、年订阅制、NFT 铸造、与服装品牌合作开发数字服装等。

工具化平台使用门槛降低，让普通人实现"虚拟人自由"。无论是从玩家角度还是从游戏角度出发，从零开始制作虚拟人，都需要较长的周期并且会耗费较高的成本。在这种情况之下，基于传统建模或者 CG 技术的制作流程与效率显然是不适用的，无法满足建造海量虚拟人的需求。现在可以看到，一些工业化的标准流程与制造工具已经出现，降低了制作虚拟人的门槛，创作者与普通用户可以更加便捷地生成属于自己的虚拟形象。

目前市场上最具代表性的、比较先进的工具化平台有英伟达的 Omniverse Avatar、Epic Games 的 Metahuman Creator。国内也有公司推出了虚拟人交互平台，如腾讯 NExT Studios 的 xFaceBuilder、网易伏羲、科大讯飞的虚拟人交互平台等。这些工具或平台一方面服务于公司本身的一些业务或开发工具，另一方面也可以服务于开发者进行一些早期的开发与配备，普通用户也可以用这些工具便捷地生成自己的虚拟形象。

这些平台的建模精度虽不足以建立超高质量的人物模型，但能够大幅降低虚拟人的建模成本，让普通人也能快速拥有属于自己的虚拟形象。随着技术的发展，自动化建模工具的建模难度将会逐步降低，效果也会变得越来越好。在未来，借助标准化的建模工具，有可能直接实现虚拟人生产流程的自动化，与元宇宙入口、虚拟化身/分身、千人千面等概念联系起来，拥有巨大的 C 端市场想象力。

二、AI 驱动

虚拟人被制作出来之后，还需要动起来。与人类似，虚拟人的动态分为躯体动作、面部表情、口型动作这三个主要部分。虚拟人的驱动同样也涉及技术路径的选择——是真人驱动还是 AI 驱动。目前市面上专业做虚拟人的公司或工具已有一些，但水平参差不齐。能够做好真人驱动，未必能做好 AI 驱动。

虚拟人可以分为交互型虚拟人、非交互型虚拟人两种。非交互型虚拟人主要通过设置预制动作让人物动起来，类似于动画片的原理，不能实现实时互动。交互型虚拟人则需要靠驱动技术来驱动动作、表情等，以达成虚拟人和外界环境的互动与反馈。交互型虚拟人的驱动方法包括传统驱动方法与智能驱动方法。

传统驱动方法包括光学动作捕捉、惯性动作捕捉、"Track 设备＋IK 算法"的动作捕捉等方法。现阶段，光学和惯性动作捕捉占据主导地位。传统驱动方法一般需要"真人＋动捕设备"来进行驱动,这个后台的真人又称为"中之人"。

智能驱动方法是指通过 AI 技术来对虚拟人进行驱动的方法。该方式造价成本低,可以无限拓展,在未来有很大的想象空间。不过现阶段 AI 技术水平有限,一般需要结合合适的场景,通过较多垂直领域的训练才能达到商业可用的效果。

AI 驱动的虚拟人所呈现的效果受到语音识别、自然语言处理、语音合成、语音驱动面部动画等技术的共同影响。AI 驱动的虚拟人不仅要有感知,包括视觉感知与听觉感知,即看得见、听得懂,还要会思考、能回答、能呈现。这就涉及多维度的技术点,比如看得见涉及识别物体、识别表情、识别图像等;听得懂涉及语音识别,将听见的声音转换成文字去理解;达到听得懂的状态,涉及自然语言理解;理解之后还需进行回复,因此涉及知识图谱;如何回复(是生成声音还是生成图形)涉及语音合成。具体有以下环节。

- 语音识别:领域内的公司如科大讯飞、百度、腾讯、阿里巴巴均有布局。
- 语义理解:国内外在语义理解领域的进步较慢,语义理解这一交互环节的难度比语音识别高了数倍,相对做得好的公司有谷歌、IBM。

- 语音合成：诸多大公司的客服机器人已能做到语音回复，但还不够真实、自然。若要做到每个人的声音个性化，并且能够快速生成自己的声音，仍有较大的工作量。
- 人的形象驱动：目前市场上的巨头公司，如搜狗、科大讯飞、百度、腾讯等推出虚拟人的难度并不大，但不同于卡通形象，在高逼真、高拟人的要求下，用 AI 驱动高仿真虚拟人的表情或动作仍有较大提升空间；在快速生成虚拟人的同时，如何能够降低成本以及提高精确度也是一个问题。

2021 年，国内虚拟人市场热潮开启，经过近两年的发展，新的虚拟人不断涌现，新的入局方不断增加，它们依靠自身的资源禀赋，或基于 AI 能力、运营能力等，探索行业应用发展。如 2022 年 1 月，京东推出智能数字人客服"芊言"；2022 年 2 月，央视推出 AI 手语主播；2022 年 6 月，华为在合作伙伴暨开发者大会推出数字内容生产线 MetaStudio，以及全新版的数字人"云笙"；2022 年 7 月，百度在 2022 百度世界大会上推出了百度智能云曦灵数字人直播平台，同时 AI 数字人"希加加"也亮相会场（表 3-2）。

与此同时，虚拟人相关投融资市场一直维持着高景气。根据雷报统计数据，截至 2022 年 9 月，2022 年国内虚拟人领域共发生22起相关投融资事件（2021年全年为25起），共涉及17家公司，这些公司有的旗下已有具有一定知名度的虚拟人，也有的依仗的是自身的技术或服务。从金额来看，已公开投资金额的投资事件中，2022年的"天花板"已经超过2021年，世优科技与魔珐科技均于2022年完成了过亿元的融资，其中魔珐科技两轮融资共计1.3亿美元（表3-3）。

表3-2　2022年部分公司新推出的虚拟人项目

时间	名称	开发项目
2022年9月26日	高德地图	宣布推出虚拟人导航"小高老师"，在现有的导航语音基础上融入了智能预测、AI学习、情绪感知力
2022年9月1日	快手	在世界人工智能大会上推出"快手虚拟演播助手"（Kuaishou Virtual Studio，KVS）
2022年7月21日	百度	2022百度世界大会正式开启，AI数字人"希加加"重磅带来百度智能云曦灵数字人直播平台，聚焦电商直播、品牌营销、互动娱乐等领域，实现超写实数字人24小时纯AI直播
2022年6月15日	华为	在合作伙伴暨开发者大会推出数字内容生产线MetaStudio，以及全新版的数字人"云笙"，满足了各行业对数字内容生产、协同、融合以及应用的广泛需求
2022年4月27日	快手	上线虚拟偶像歌手"神奇少女张凤琴"
2022年2月4日	央视	推出专业服务类虚拟数字人AI手语主播
2022年1月22日	京东	首个智能数字人客服"芊言"正式上岗
2022年1月1日	蓝色光标	首个自有知识产权的虚拟人"苏小妹"正式推出，并在北京卫视春晚亮相

资料来源：各公司官网和微信公众号

表 3-3 2021—2022 年国内虚拟人领域相关投融资事件汇总

序号	时间	被投资公司	产品/业务	金额	投资方
1	2021 年 1 月 28 日	中科深智	创梦易自动播（虚拟直播软件）	数千万元人民币	金沙汇创投、盛景网联、MYEG Capital
2	2021 年 11 月 2 日	创壹科技	一禅小和尚（票务）	约千万美元	晨山资本、MYEG Capital
3	2021 年 2 月 10 日	诗云科技	柳夜熙	—	中赢基金
4	2021 年 3 月 2 日	诗云科技	诗云马良（AI 内容生成系统）	数百万美元	红杉种子基金、真格基金
5	2021 年 8 月 30 日			数百万美元	IDG 资本、红杉种子基金、真格基金
6	2021 年 3 月 30 日	万像文化	Rainbow（爱奇艺虚拟偶像厂牌）	数百万美元	海纳亚洲
7	2021 年 10 月 9 日		RiCH BOOM 乐队成员	数百万美元	保时捷风投
8	2021 年 11 月 26 日		No Problem（虚拟音乐厂牌）	数千万美元	美元基金、海纳亚洲
9	2021 年 5 月 10 日	云舶科技	小 K 直播姬（虚拟直播产品）	数百万美元	五岳资本
10	2021 年 7 月 26 日			—	创世伙伴、五岳资本
11	2021 年 6 月 3 日	看潮信息	A-SOUL 成员作品著作权		游逸科技（字节跳动）
12	2021 年 6 月 25 日	燃麦科技	AYAYI（超写实数字人）	数百万元人民币	万像文化
13	2022 年 1 月 21 日			数千万元人民币	海纳国际集团

续表

序号	时间	被投资公司	产品/业务	金额	投资方
14	2021年7月16日	深锶科技	安若谙（虚拟人）	—	医联
15	2021年11月19日			—	思源合一、金沙江联合资本
16	2022年2月24日			—	海纳亚洲
17	2021年7月19日	乐华娱乐	A-SOUL运营（虚拟偶像团体）	—	阿里影业、字节跳动、坤伶网络、CMC资本
18	2021年7月26日	次世文化	迪丽冷巴、韬斯曼（明星虚拟形象）	500万美元	创世伙伴、顺为资本
19	2021年10月26日			数百万美元	网易资本、动域资本、顺为资本、创世伙伴
20	2022年2月15日			—	红杉中国
21	2021年8月9日	摩塔时空	集原美（虚拟偶像）	300万美元	
22	2021年8月30日	半人猫	MetaHuman数字真人技术（3D还原真人）	近千万人民币	万像文化
23	2021年9月8日	时域科技	ACE虚拟歌姬（涉及AI虚拟歌手）	数百万美元	知春资本、五源资本
24	2021年9月29日	虚拟影业	虚拟翱造（虚拟演员）	超千万人民币	峰瑞资本

第三章 虚拟人的重大意义

续表

序号	时间	被投资公司	产品/业务	金额	投资方
25	2021年11月19日	相芯科技	虚拟人数字大引擎	700万元人民币	赛伯乐投资集团
26	2021年12月14日	世悦星承	Reddi、Vince、Vila（超写实数字人）	超千万元人民币	网易资本
27	2022年8月2日			数千万元人民币	网易资本、香港新世界集团、凯辉基金、X美术馆
28	2021年12月20日	李未可科技	李未可（虚拟人）	数千万元人民币	字节跳动
29	2021年12月27日	AVAR	云可可、云达达（虚拟人）	数百万美元	唯猎资本
30	2022年7月12日			数百万美元	华创资本
31	2022年1月8日	世优科技	Puppeteer虚拟工厂（虚拟内容制作系统）	约千万元人民币	多闻资本
32	2022年8月29日			超亿元人民币	捷成世纪、多闻资本、超元域科技、天地在线
33	2022年3月25日	呦呦科技	呦呦自动播（虚拟主播平台）	500万元人民币	威尼斯科技
34	2022年4月5日	魔法科技	翎（虚拟KOL）	2000万美元	清新资本、红杉基金、沙钢集团、五源资本
35	2022年4月6日			1.1亿美元	软银集团、指数资本、北极光投资

续表

序号	时间	被投资公司	产品/业务	金额	投资方
36	2022年4月8日	影眸科技	WAND（二次元虚拟形象生成器）	数千万元人民币	红杉种子基金、奇绩创坛
37	2022年4月19日	八点八数字	九黎（虚拟偶像）	约千万元人民币	宝通科技
38	2022年6月17日		高圆圆（明星虚拟人）	数百万元人民币	拉尔夫创投
39	2022年4月20日	极光社	九奈穗猪（虚拟主播）	数百万元人民币	天象互动
40	2022年6月8日	心识宇宙	MindOS（可定制虚拟人心识的操作系统）	数千万元人民币	红杉种子基金、线性资本、险峰长青
41	2022年6月28日				银杏谷资本、璞跃中国
42	2022年6月13日	宙予科技	宙子全天播（虚拟直播带货）	数千万元人民币	险峰长青、蓝色光标、凡创资本
43	2022年6月17日	翌日动漫	NANA（虚拟偶像）	—	优米加速器
44	2022年7月19日	奥贝赛维	虚拟偶像技术服务公司	—	遥望网络
45	2022年8月2日	拓元智慧	虚拟数智人技术提供商	—	卓源资本、源数资本
46	2022年8月29日			—	银杏谷资本、卓源资本、汉仁投资
47	2022年9月15日	幻方势代	未·央（虚拟组合）	—	小米

资料来源：雷报，截至2022年9月18日

总结来说，目前虚拟人的产业化还处于较为初级的发展阶段，入局方与初创公司也较多，行业竞争格局还远未成型。但当下发展存在诸多痛点，如虚拟人研发投入成本高、商业化场景单薄、技术不成熟等，行业有非常大的优化空间，未来可以关注行业以下几点变化。

第一，成本的持续下探。生产虚拟人不难，难点在于如何利用新技术降低制作门槛与成本，进而实现虚拟人的规模化与高质量生产。以 AI 为代表的技术将是推动虚拟人规模化应用的关键，促进虚拟人应用从 B 端向广阔的 C 端渗透。

第二，相关技术的成熟。技术是推动虚拟人应用落地的核心驱动力，目前虚拟人的制作已经不局限于 CG、美工等传统手段，而是涉及 AI 驱动、实时渲染等新技术的运用。AI 除了在虚拟人的建模生成方面起到关键的作用，也贯穿虚拟人的驱动与交互环节。目前用 AI 持续进行虚拟人的内容生成与驱动还存在较大的挑战。在交互方面，如何使虚拟人与环境中的人、物自然地交互，这依赖于 AI 算法的进步。

第三，硬件性能的提高。虚拟人的生成、驱动、渲染需要强大的硬件支撑，即 AI 算力硬件，包括人工智能芯片、驱动虚拟人的芯片、渲染芯片等。

第四节
元宇宙基础设施建设的"圆心"

元宇宙的技术路径目前未定,但目标是实现虚拟现实,即模糊虚拟与现实之间的边界。针对这一目标,目前主流的技术路径有两种:一是直接以 AR 的技术路径去实现,但现阶段 AR 相关技术还非常不成熟;二是先开发 VR 再迭代至 MR,以 MR 作为过渡。在元宇宙布局方面较为激进的巨头 Meta 选择了以 VR 为主的技术路径,同时探索 AR 的发展。根据 The Information 的消息,Meta 计划到 2026 年发布四款 VR 头显与两款 AR 眼镜。而苹果则选择了第一条路径,更加注重 AR 方向的研发。谷歌对技术路径的探索分为多个阶段,最早期从 AR 开始,中期转向 VR 的研发,目前以企业级 AR 作为主要的布局方向。

技术路径虽然未定,但可以确定的方向是由互联网时代的 2D 升维为 3D。这并不是简单的升维,具体体现在两个层次:一个层次是内容由 2D 升维为 3D;另一个层次是交互对象与交互方式发生重大革新。

具体以游戏内容为例，从开发流程看，VR 游戏开发与传统 3D 游戏开发流程基本一致。VR 游戏开发的前提是开发一个 3D 游戏，再在 3D 游戏的基础上进行适合 VR 的改进。目前主流 3D 引擎都支持 VR，也就是说，传统 3D 游戏只要稍作调整，就很容易修改成一款 VR 游戏。理论上，使用主流 3D 游戏引擎已经足以开发出 VR 游戏，但是事实上，国内外市场（特别是国内市场）的优质 VR 游戏及优质 VR 开发团队仍然非常稀缺。PC 互联网向移动互联网迭代时，游戏内容由端游向手游迁移，内容制作难度是降维的，但元宇宙时代的 3D 或 VR 游戏内容的制作难度相较于端游则是升维的。落实到具体开发工作，从传统 3D 游戏修改为 VR 游戏有诸多需要考虑的因素。

第一，观察方式。从 2D 屏幕变为 3D 空间，需要调整 VR 游戏视角的设计方案。传统游戏的内容呈现在一个固定大小的屏幕上，玩家通过摄像机观察世界，摄像机决定玩家能看到的内容。而在 VR 环境中，玩家直接用自己的双眼来观察世界，玩家所佩戴的头显眼镜就是游戏的视角，移动摄像机就等于移动玩家在游戏中的位置。

第二，交互方式。人机交互模式发生改变，玩家操作模式随之改变。端游的人机交互模式是键鼠模式，手游的交互模式是触摸屏模式，而 VR 游戏的交互模式是以体感控制器作为输入设备，相应的操作模式也就迭代为眼球追踪、面部追踪及手柄操作。同时，操作方式的改变必然带来 UI 设计的改变。与传统游戏相比，VR 游戏不存在屏幕空间概念，传统游戏按钮式的 UI 设计不再适用。

过去 50 年智能交互硬件的迭代，从游戏主机到个人计算机，再到现如今的智能手机，都是建立在二维世界的 2D 界面交互。从用户的角度看，互联网时代的个人计算机、智能手机是作为人的一个部分而存在，努力去拉近人与网络（虚拟世界）的距离。虽然在努力拉近，但只能最大限度地靠近、逼近，而元宇宙则是将用户直接拉进数字空间中，以第一人称的视角去看世界。因此从 2D 到 3D，交互界面需要重构，一方面是交互方式变得更加多样化，另一方面是交互体验更加自然。

元宇宙的目标是实现虚实融合，因而交互的设计思路则是以"人"为核心，最大限度地实现人与周围环境的自然交互。这里的"人"不只是真实的人，还包括前文所述的虚拟人（人的数字人、虚拟数字人）。因此虚拟人的职能首先是作为人的数字人，肩负着将人拉进元宇宙的使命；其次是作为在现实物理世界中不存在实体的虚拟数字人。

元宇宙的塑造是一个长期的过程，相较于上一轮移动互联网，增加了 AI 生成与驱动的机制。在移动互联网时代，交互的内容和对象基本上都是由真实的人（软件工程师、创作者等）设计与渲染出来的，但在元宇宙时代，AI 成为元宇宙世界里的一大新增生产要素，将会大量存在于供给、需求的各个环节，数字人、虚拟人等就是 AI 的诸多应用之一。元宇宙将成为"人的数字人"与"虚拟数字人"的共享空间。对应于物理世界的交互方式，虚拟人很可能是元宇宙时空构造过程中，基础设施建设的"圆心"，虚拟人的作用在于最广泛地承接 2D 升维成 3D 的交互界面。换个角度看，无论是平台生态的构建方，还是 B 端企业的入局方，以虚拟人为切入口或以虚拟人的交互脉络为建设的主脉络，将是被普遍采用的方式。

第五节
AIGC：虚拟人的创作

AIGC 的核心，仍然在"C"（content），即内容，故 AIGC 不等于 AI。人的数字人、虚拟数字人、机器人，本质上都是 AI，这些 AI 创作的内容就是 AIGC。

AIGC 为何能加持这一轮的 IP 孵化？

首先，AIGC 的门槛在于 AI，即算法与数据库。在算法与垂直领域的数据库支持下，AI 的创作将呈现为有条不紊且持续加速的状态，即创作数量增多、水平持续走高；且数量与水平（品质）有望持续加速上升，越往后曲线越"陡"，AI 的输出能力将远超一般人作为创作者的输出能力。

其次，AI 不是人的竞争者，而是协作方；AI 可以协助人，人也可以协助 AI；AI 作为生产力的加持，可以与人合作输出。

再次，每一轮的计算平台升级，均是生产力工具的升级。文字创作由纸笔写作到键盘输入，平台工具箱支持下的普通用户的创作正在替代专业用户生产的内容；未来元宇宙时代的内容输出，将由更高级别的生产力工具箱去辅助用户，这是历史范式。

最后，在 AI 的加持下，人作为用户可以扩展能力圈，如作家可以借助 AI 创作图片、视频等；擅长丹青画的作家也可以借助 AI 去尝试后现代风格的绘画作品。

在 AIGC 的加持下，IP 孵化将前所未有地加速，呈现百花齐放的创作局面。

第四章

NFT 的魅力：孵化与孕育未来的
各类"明星"

据观察，NFT是一个热闹非凡但误区极多的领域——热闹源于它的"魔法棒效应"，误区则源于入局方一不小心的"傲慢"。

NFT这一"魔法棒"，最好的应用是向"未来"施魔法，但当下很多入局方是在向"过往"下手。在NFT的运行领域，"过往绝不可能是序章"，过往的一切都需要面向未来进行"再加工、再创作"。

NFT的"魔法棒效应"能发挥很大的作用，如顶部IP一定会在NFT机制下过度泡沫化。

第一节
向前看：孵化与孕育"新明星"

得益于区块链的普及与在实践上的先行一步，海外 NFT 应用层逐渐焕发生机，在 2017 年与 2021 年出现两次热潮，涌现出两款"出圈"级别的头像类 NFT 产品——2017 年的 CryptoPunks 与 2021 年的 BAYC。其中 2021 年是海内外 NFT 市场全面爆发的一年。一方面，卖出高价的 NFT 作品层出不穷；另一方面，NFT 锚定的应用从早期的头像类艺术收藏品，逐渐拓展至数字艺术创作、游戏资产、虚拟世界、元宇宙等，已经具备较为完善的生态及成熟的交易流转平台。

海外 NFT 应用生态活跃、品类丰富、创新程度高。2021 年用户的积极参与促进了 NFT 一级市场、二级市场交易活跃度进一步攀升。目前 NFT 已经是被艺术家与收藏家广为接受的一种数字艺术品交易方式，且随着应用领域的拓展，海外 NFT 应用生态越发繁荣，有以 OpenSea、Rarible 为代表的综合化 NFT 平台，也有以 SuperRare、Nifty Gateway 为代表的专注精品化艺术品赛道的 NFT 平台。发展至今，海外 NFT 产品品类丰富，从最传统的 NFT 赛道发展到游戏，再到二次元、元宇宙等应用场景，并与新的元素结合，创新发展模式。

现阶段国内数字藏品大多聚焦于文创、IP 领域。数字藏品进入国内市场相较海外要晚，国内数字藏品市场正在走一条差异化的发展之路。从发行领域来看，国内数字藏品的价值不再聚焦于货币属性，更多是围绕中国传统文化、经典国产 IP 展开商业化的探索，比如与各地博物馆、经典电影、音乐等相结合。鲸探数据显示，鲸探平台上与传统文化相关 IP 的数字藏品占比过半。

根据《2022 全球 NFT 数字藏品市场发展研究报告（上半年）》，截至 5 月 21 日，国内 NFT 平台数量突破 421 家，整体市场鱼龙混杂，各平台质量参差不齐。众多 NFT 平台发行的产品同质化问题非常严重，且模式玩法单一，很容易使用户产生审美疲劳。仅仅靠经典文物的数字收藏，以及各种 IP 和艺术设计的图片玩法，不足以支撑 NFT 市场的长久发展。

通过对比海内外的 NFT 平台及项目，我们发现这两个市场的发展路径存在非常大的差异。整体来看，海外 NFT 市场在模式创新上更具潜力，发展更加多元化，进而能焕发出比较大的活力；而国内 NFT 市场的文化属性比较重，在版权保护、传统文化宣传领域进行发力，创新性不足，源于其发展在一定程度上受到政策的限制。

元宇宙是新的网络，Web3.0是新的规则，NFT是在其中流通的要素，除了可以表现为当下的艺术品或收藏品，还可以是数据、权益等新要素。以数据为例，北京国际大数据交易所、深圳全国文化大数据交易中心已经开始思考，在Web3.0时代数据作为生产资料如何交易、流通、分配。NFT作为数据、权益等新的生产要素存在，可以在新的网络规则下，真正地实现对生产关系的革新，发挥巨大的价值。因此，我们强调，NFT的命门一定是"向前看"，去孵化与孕育"新明星"，即不是聚焦当下已有的IP进行NFT化，而是着眼于未来进行创作或基于已有的IP去做一些创新。

在元宇宙中，创造力是唯一的"增值性资产"。元宇宙内容生态的本质是创造，追求创造性才能给元宇宙带来持续的活力与生命力。强调沉浸感的VR/AR硬件与元宇宙相关技术要实现落地，需要有好的配套内容。元宇宙时代，每个人都是潜在的创作者，元宇宙将成为新的创意阵地。元宇宙的架构需依靠数量足够多的创作者来完成。不同于当下互联网时代的产品流量思维，元宇宙时代的新内容在一开始创作时就应该以创意为导向，即创作"确切的作品"。

一、作品与产品的区别

作品（work）侧重于创意、创造、创新，是通过作者的创作活动产生的具有文学、艺术或科学特质的独创性，并且以一定有形的形态表现出来的智慧成果，以作者的表达欲为中心。

产品（product）则源于以成功交易为目标的互联网思维。互联网有各种对产品的定义，侧重于从一开始即满足用户的心理需求，即以用户为中心。

作品与产品看似相似，实则完全不同。从商品流通的角度看，产品与作品最终均会有客户买单。好的作品商业价值更大，但前期会有很长一段时间等待被发掘，一旦发表后，时间终将会呈现作品之美，即作品随着时间的沉淀会更有价值，如当下的绘画作品，升值空间不可小觑。产品是为了成功被买单而定制的，揣摩好用户需求才会有产品的存在，产品的打磨、迭代亦是为了更好地抓住用户需求点，让一件产品实现更高的商业价值。

从创作者与产品经理的角度看，作品对于创作者，更像是在练习中巩固、在试错中表达创意，创作的过程方向不明、节奏不清、结果难料；产品对于产品经理，则是以一个确定的结果为导向，在稳定的推进过程中获得价值的最大化。以电影内容为例，美国好莱坞电影是经典的工业化产品，但欧洲的部分电影则像是作品。如 2012 年在中国大陆上映的《狩猎》(*Jagten*)，导演托马斯·温特伯格（Thomas Vinterberg）用一个关于绯闻、谎言、仇恨和怀疑的传闻，叙述了一个毁掉一个男人一生的故事，影片通过讲述"谎言"变成"事实"的过程，向观众揭示了"众口铄金"的含义。而法国导演莫娜·阿查切（Mona Achache）执导的《刺猬的优雅》(*The Hedgehog*)充满了哲学性，让观众反思自己的同时，也对艺术、美展开了思考。这部作品的表达方式很细腻，通过对生活细节的描绘，观众能在幽默、讽刺和温情中去发现每个人身上那个无形的小宇宙，彰显人性在细微之处的光辉。

二、"确切的作品"是有难度的

做产品，核心目标是能卖掉；而做作品，首先自己要满意，然后希望客户也满意。作品之上还有臻品、藏品的范畴，是让创作者爱不释手且能真正传世的经典。产品再成功，也难以像顶级作品一样流芳百世。

产品思维已成为互联网商业运行中重要的逻辑之一。作品不等于娱乐，有自己的品格。如何能在产品的基础上融入作品的筋骨，成为当下互联网时代最为关注的进步方向。

移动互联网时代，内容又被特意区分为作品、流量产品。流量产品以产品形式出现，依赖创作者过往的经验，且以单一正向情绪为主，叠加简单的意识形态、形式语言以满足感官刺激。流量产品在生产过程中有模板，如真人秀、综艺、部分电视剧及电影、广告内容均属于这个范畴，非常契合当下的流行元素与用户关注度。作品相对于流量内容，关键在于再创作的部分。作品以运用复杂的情绪为纲，叠加尚未被充分关注到的意识形态、新颖的表现手法，生产过程注重探索。

流量产品主要面向对艺术要求不高的场景，最契合观众茶余饭后的基本社交需求，相对轻松且无须深入思考，甚至诸多短视频作为流量产品，是从经典作品中截取片段，契合当下观众的某种情绪需求。好的作品目标是成为经典，永久流传，以细节上的精粹、独特，思想上的深沉、尖锐、颠覆，实现观众认知上的"大吃一惊"，即使经过时间的洗礼，仍然能够引发观众的深思。

历经时间的洗礼仍能彰显精致、深度、美感、大胆，这样的作品才能以供给来创造观众的需求——"我表达我的思想，希望你能有一定的收获"；而流量产品一开始的出发点，就是"我提供你喜欢的，你开心就好"。

流量产品是移动互联网时代的产物，也是当下各平台运转的"基本盘"，但元宇宙给当下流量内容创作者的考题将是"如何将真正的创作融入其中"。对流量内容创作者而言，创作一定要非常"高大上"吗？并非如此！代码亦可成为作品，一段函数、一次服务、一个系统，都可以作为一件作品来完成；一本书是作品，书里面的每一章、每一节亦是作品。撇开结果不谈，元宇宙对当下各平台流量内容创作者的要求是升级的，创作者起码要将创作内容以作品的要求与心态来推进。

对于有经验的、相对专业的内容创作者而言，他们靠经验、常识、直觉可以做到50分，若要做到90分，则需要科学的方法与特别的技艺。如iPhone作为打败全球竞争对手的顶级产品，靠的是90分的工艺技术叠加几分的设计艺术。虽然很难，但任何"确切的作品"都将是创作者点亮未来前途的火把。

三、"确切的作品"是元宇宙世界里正确的未来

移动互联网时代，内容生产绝大多数都是"产品"，略有

追求或造诣的创作者会在此基础上附加内容要素；但在元宇宙时代，我们认为必须首先在线上生产内容，然后根据内容打磨产品，即确切的作品成为"标配"，且是底线要求。

移动互联网时代正处于电商去渠道（购物平台）、去品牌（直播带货）的下半场"酣战期"，物质消费空前兴盛，但总归有部分消费需求，不管如何去做具象的选择，核心表达都是"与众不同"。那么怎么才能真正做到与众不同、独此一份呢？

只有艺术才能真正独此一份！伴随网络时代的发展，所有的过程都必然会经历一遍，电商先做渠道，社交先做平台，在移动互联网的下半场直播带货崛起时，无论是广告主、品牌商，经历了去渠道、去品牌后，终于发现仍然是"内容为王"，有独特的内容才是王道！内容是谁生产的？是作家、诗人、艺术家、导演、音乐人……与之形成合围动作的，是诸多细分领域崛起的IP，如罗翔（专业度）、罗永浩（辨识度）、董宇辉（专业度+辨识度）。

确切的作品一定是一幅画、一个雕塑、一本书、一部剧、一张唱片吗？并非如此！元宇宙赋予了作品更多的可能性、表现形式、延展性。现实物理世界作品的表现形式一定是确切的、显现的、实物的，但元宇宙的诸多新型生产力、NFT

所重塑的生产关系让作品可以是非实物的,但核心需求仍然是确切的作品。这样的作品商业化空间更大,因为元宇宙作为虚拟现实的网络世界,先天更容易实现成功的授权——真正契合IP影响力的属性。

元宇宙时代的内容创作者们,可以努力达成丰富的层次,每一层次都有商业化的可能性,可以最大化地释放自己的智力资源,并给予具有最大诚意的商业化空间。

第一个层次,可以用小孩子来举例,小孩子创作了一样很不错的东西,如一幅充满童真的美术作品,可以满足用户的视觉愉悦,虽然作品的水平不一定高,但作品本身所呈现的努力方向是对的,是创作者的一个必经阶段。

第二个层次,可以用年轻的创作者来举例,如炒股屡败屡战的一位青年,通过塑造一只怒气十足的狗的形象,来最充分且完整地表达他内心深处难以用言语表达的火气,折射了一个特定市场的局部特征,反映了一部分人的共同创伤。这样的作品可能受众不会特别广泛,但有共同经历的用户会对此作品有强烈的认同感。

第三个层次,可以用泡泡玛特的作品来举例,泡泡玛特的作品以盲盒为表现形式,重新定义了这个社会的流行趋势,甚至改变了用户的价值观、思想体系,从浅层次来说改变了用户对生活的感触与认知，颠覆了他人对 IP 衍生品的过往的经验式判断。

现实物理世界相对于元宇宙，对作品的展示、传播、分发是落后而效率低下的；PC 互联网、移动互联网提高了分发与流通环节的效率，但并未有针对分发与流通环节的系统而深刻的变革；元宇宙时代带来了更先进的生产力、区块链支持的 NFT 机制，进而重塑生产关系。对创作者而言，更好的时代将要到来，创作者只需要全身心专注于作品本身，用自己作品的语言去影响受众、改变认知、做出有价值的贡献。

但我必须提醒大家，美好前程并非一马平川，新的世界有新的"沟壑"与"纵深"。如确切的作品，并非单指人的确切的作品，数字人、虚拟数字人、机器人都可以创作确切的作品，比如近期广受关注的 AI 作画。本质上，虚拟人与机器人都是 AI。

AI 作画如同在业内投下了一枚重磅炸弹，引发无数讨论。除了对 AI 替代人的焦虑，还有一个积极的视角——人与 AI 合作，比如设计故事角色的画师可以与 AI 配合，AI 提高画师效率，画师修正 AI 作画的局部细节。这样的视角，是建立在元宇宙的大背景中，用户不再仅限于人，也包括人的虚拟人、虚拟数字人，甚至是机器人。从这个角度看，人的数字人作为人的分身,本质上也是 AI,使用得当的话,对人本身的创造力而言,亦是明显的助力。

四、"确切的作品"是一种最微观的角度

之所以用"确切的作品"来表达对创作者的呼吁,是因为用最细微的角度去着眼于创作者的单个作品。之所以强调作品数量与影响力之间的关系,是因为移动互联网时代的内容创作者"守株待兔"式的"养号"方式并非不可取,而是想强调"确切的作品"是一种不问结果而全身心投入的微观视角。

《飘》(Gone with the Wind)是玛格丽特·米切尔(Margaret Mitchell)创作的长篇小说,出版三个星期即售出 176 000 册。《飘》自出版以来,接连打破各种出版纪录,斩获普利策奖,被翻译成几十种文字,至今畅销不衰。但《飘》是玛格丽特·米切尔一生中唯一的作品,而正是这一部作品,让她名声大噪,在世界文学史上留下了不可磨灭的影响。小说同名电影在作者的家乡首映时,市人口增长了 70 万;另一部根据此小说拍摄的电影《乱世佳人》成为经典之中的经典,荣获奥斯卡金奖。

这部唯一的作品凝结了作者 10 年的心血。美国南北战争

中废除奴隶制的历史，通过她的描写吸引了全世界的目光，这并非单靠情节描写能做到的，还因为小说中蕴含着作者对生活的思索、对生命意义的认识。玛格丽特·米切尔写这部小说源自她生长的亚特兰大，她从小喜欢听关于亚特兰大的故事，创作出来的情节其实带有她对当时社会和命运的思考：在动乱、战争、革命、经济萧条等大背景下，是什么让人经受如此磨难继续生存下去？杨绛先生曾这样评价《飘》：横看全书，是一部老南方种植园文明的没落史，一代人的成长史和奋斗史；而纵观全书，则似一部令人悲恸的心理剧，以戏剧的力量揭示出女主人公在与内心的冲突中走向成熟的过程。所以看《飘》，就犹如走进原始森林，越深越美。

以《飘》为例，并非泛泛希望创作者以此为目标，而是强调在元宇宙时代，"确切的作品"这一微观视角需要创作者的思考力、生活阅历，这也是移动互联网发展至当下，众多内容创作者需要升级迭代的正确方向。

五、NFT 加持下的作品，极具活跃度与创新性

元宇宙的兴起预计会带来新的内容形态与创作平台，在元宇宙搭建新内容社区进而挑战原有内容体系。因此，在新

的创作环境与NFT的加持下，创作者的活跃度与创造力将会被充分激发，原因在于，一方面，NFT作为一种新技术，与现有业态的结合带来了新的内容形态；另一方面，NFT的机制可以改善利益分配格局。

以NFT与权益的结合为例，权益类NFT目前正在探索中，它可以锚定一定的权益，比如锚定品牌方某项业务的收益分红权，或锚定品牌方某个限量产品的优先购买权等。专属会员机制一直是品牌与最活跃的客户之间建立深度关系的方式，一些品牌还会设计定制的会员机制策略。随着NFT与Web3.0技术的引入，会员机制也在升级。基于NFT的会员机制，是将NFT作为访问密钥来解锁多种服务与奖励的会员专属机制，如解锁类似BAYC的专属网络社区，或某种活动的入场权益。有了基于NFT的会员机制，企业通过NFT对会员身份的数量进行限制并创造出稀缺性，可以更好地打磨社区，并为其最忠诚的客户提供升级服务，进一步提升核心会员的黏性。未来NFT赛道必将多元化发展，有望通过各种权益对消费场景赋能。

以NFT与社交的结合为例，"无聊猿"项目是最为典型的代表。无聊猿项目诞生于2021年4月，是NFT头像项目之一，该系列NFT包含10 000个猿猴头像，每个头像都有独一无二的特征。NFT的价值取决于玩家共识，共识离不开社区运营,那些交易活跃的NFT背后往往拥有一个流量较大的文化社群。无聊猿之所以能够成为头部NFT,在于其打造了独特的商业授权方式且具有强大的社区运营能力。在版权方面,无聊猿对拥有者开放版权,授予买家完整的商业使用权(多数项目不授权),即买家不仅拥有了一份虚拟资产,还拥有了对其进行二次创作与商业化运营的权利。在社群运营方面,无聊猿项目方为买家提供了丰富的社区运营活动,持有无聊猿NFT更像是加入一个俱乐部,享有俱乐部的一些权益。随着大量名人的争相购买,名人效应迅速扩大了无聊猿的大众知名度与话题度,李宁和阿迪达斯等运动品牌也入局购买无聊猿NFT,融入自身品牌进行创意设计。无聊猿的发展与运营思路提供了一个很好的NFT发展范式,以完整的商业授权与俱乐部权益充分带动了持有者的创作积极性;同时,社群人员的二次创作又进一步增强了可玩性与故事性,再一次推动该项目的影响力"出圈"。

以NFT与营销的结合为例,NFT已经逐渐成为品牌营销的新选择。Web3.0新规则是去中心化,使品牌可以从大平台真正拿回数据使用权。NFT持有者就是与品牌有联系的用户、会员,是有忠诚度的群体。这会节约品牌的营销成本,降低经营成本,使品牌有新的发展空间。Web3.0带来新的协议,带来新的数据作为生产资料的价值分配,价值分配使中小企业降低成本就能够生存发展,从而带动共同富裕。

第二节
旧有的"IP + NFT"模式效用仅能发挥出四分之一

2017 年,文学、动漫、影视、游戏、音乐、综艺节目围绕 IP 协同构建了一个 IP 泛娱乐化的新生态产业链,可以说是"得 IP 者得天下",从此 IP 概念深入人心。2021 年,元宇宙元年开启,NFT 也迎来发展热潮,在这样新的大背景下,IP 的运营逻辑也在发生变化。

NFT 本质上是基于区块链技术而存在的一种数字化凭证,NFT 与 IP 的结合具备数字资产的价值发现与流通的功能。目前,顺应新技术的发展趋势,IP 的发展方向主要是 IP 的 NFT 化。NFT 化的 IP 有新旧之分,新 IP 指的是在新技术条件下诞生的新内容,具备非常高的活跃度与价值;旧 IP 是指在过去时代背景下所诞生的内容,借鉴新 IP 的打造方式进行 NFT

化，以期获得新的生命力。

新旧 IP 的 NFT 化有很大的不同，元宇宙中的 IP 运营不是简单的 IP 的 NFT 化，而是要更深层次地融合现代元宇宙的各类玩法。旧 IP 的 NFT 化也具备一定的门槛，不仅需要跨行业，还涉及标准授权、IP 价值评估、商业价值计算、内容开发等一系列环节。

未来的新数字内容，具备 IP 与 NFT 运营（商业化），在诞生的初期就创新了 IP 授权模式，链条更短，变现效率更高。与新 IP 授权模式不同，传统的 IP 授权模式相对更为烦琐，限制也更多，有的即便前期拿到了 IP 授权，后期进行二次创作还是需要与版权方协商沟通；且授权期有限，到期之后需要重新付费以获取授权，这个过程中有较大的成本损耗。

传统 IP 授权模式的授权流程长、标准化程度低。一次 IP 的合作，首先要经过烦琐的谈判来确定条款细节，其次经过冗长的数字内容准备，最后再授权进行产品的生产与销售，且在这些过程中存在各种变化，以及监督、审核过程均很烦琐，最终 IP 的各个合作方才能拿到分成收入。

以上低效的传统 IP 授权模式会被新的方式所取代，我们非常看好未来以发行 NFT 的方式来进行 IP 授权的方式。用 NFT 创新的 IP 授权模式简单得多，只需在特定的交易市场或平台上购买相应 IP 的 NFT，就能自主进行创作与开发衍生品，甚至创作后的作品可以上链生成新的 NFT 进行出售。在 Web3.0 或元宇宙时代，这样的 IP 授权与创作模式预计会越来越普遍，以标准化的方式极大地简化了 IP 授权的流程，有利于提升 IP 合作的效率。

具体而言，未来的 IP 授权可以这样进行：一是 to B 模式，IP 拥有方发行相应的 NFT，NFT 上清晰地规定了 IP 的授权范围，买方在交易平台上购买 NFT 并享有相应的权益；二是 to C 模式，直接面向 IP 的粉丝进行 NFT 的发行。不论是 to B 还是 to C 模式，NFT 本质上是一张权益凭证，记载了数字内容的授权范围与权益，只要交易双方认可这一 NFT 的价值，就可以达成交易。此时 NFT 与区块链上用于承载交易双方合意、含有自动执行程序的智能合约的自动执行代码会因交易而被触发，并能够记录关于该数字内容的初始发行者、发行日期以及未来的每一次流转信息。这样的"IP + NFT"模式提升了 IP 的流动性，可以实现 IP 价值的快速变现，也大幅提升了 IP 产业的运营效率。但这种模式也要承受一定的 IP 贬值的风险，优质 IP 固然可以享受到估值溢价，但过时或劣质 IP 的价值也必会大打折扣。

IP 与 NFT 的结合分为两大类，这两类结合方式所带来的效用不同。IP 孵化的上一轮是版权形式的转换，NFT 为传统 IP 交易打开了新的交易流通市场，增强了流动性；而这一轮是自有 IP 孵化，在增加流动性的基础之上，NFT 又给 IP 开辟了基于数字世界的新的创作空间。

流动性溢价不可小觑。NFT 的加持，在全球范围内解决了跨越空间的信任问题，展现出前所未有的流动性大幅提高的前景。NFT 具备金融属性，从这个角度看，流动性越好、换手率越高，"确切的作品"价值空间越大。

全球范围内的资产，在某些特殊情况下，越安全越值钱——交易价值明显攀升，即买家数量增加、买家更愿意出高价。流动性溢价在移动互联网时代只是金融行业特定领域的一种共识：在金融市场中，流动性溢价更多是在债券市场呈现；从牛熊市的角度看，牛市就是流动性溢出的阶段，即成交量急剧增多，而熊市则是流动性枯竭的阶段。

流动性在资产、股票层面，即在表达资产和股票是不是容易脱手，并且在不同人、机构或者国家之间流动起来。常识上来说，流动性越强，资产越保值和安全，比如不动产或股票等流动资产。

NFT 加持下的流动性，是金融属性的范畴，但流动性不只适用于金融属性的领域。如产品的流动性，快消品无论是满足高频需求的还是低频需求的，需求越刚性，流动性越好，保值功能亦相对更突出。如奢侈品届的爱马仕，众所周知其保值能力最突出，背后的原因即爱马仕作为奢侈品届的顶级存在，流动性最好。企业用于经营的各类资产，也有流动性的差异，如餐饮业的"翻台率"。

在元宇宙时代，大范围人群的共识是一种价值，只要给予共识的用户越来越多，就会持续增值。

历史上，基于媒介持续升级的传播学，正在为流动性的增加提供更多的助力。《蒙娜丽莎》并非一开始就闻名全球，而是因在某次展出中被窃震惊欧洲，媒体在短时间内铺天盖地地关注与传播，为这幅画蜚声中外奠定了群众基础——"《蒙娜丽莎》是知名画作"的共识迅速达成。

NFT作用于"确切的作品"，本质上是赋能了"确切的作品"，能在全球充分流动成为任一"确切的作品"的基本盘。但问题随之而来，具备了全球流动的可能性，"确切的作品"能否真正被认同、成为更广泛的共识，就要看各自的"看家本领"，这也是为何"确切的作品"是内容创作者当下可以确信成为元宇宙时代正确方向的原因。

总结来说，过往的IP若用NFT的机制去重塑，首先是重塑流动性，在初期就需要获得相关的授权，因为其诞生初期就没有基于新 IP 授权模式运行；其次要经过复杂的 IP 价值评估、权益设计、内容开发、铸造发行等一系列环节。也就是说，过往的 IP 以 NFT 的机制重塑，成功的概率预计为 50%；然后以 NFT 的方式运营（商业化），但用户买单与否，即最终能否达成交易仍不确定，成功的概率为 50%。因此，旧有的"IP + NFT"模式，效用仅能发挥出四分之一。

而未来的新资产的诞生就是基于新技术、新规则，非常契合当下的时代元素，具备 IP 与 NFT 运营，商业化成功的概率会被成倍放大。由此看来，区块链技术和 NFT 带来的 IP 授权模式，不仅会提高 IP 的流通性和合作的效率，也在改变 IP 本身的创作与衍生方式。即便是过往的 IP，由历史经验来看，其核心还是在此基础上再次创作，以契合时代发展的要求。

第三节
NFT 的交易链条越长，价值重估空间越大

NFT 推动内容资产价值重估的三重逻辑，分别是确权、充分估算数字资产价值、扩大数字资产的范畴。

版权保护与运营是 NFT 的核心使用场景之一，NFT 可被用来标记数字作品如图片、视频、博客、音乐、艺术品等的所有权。当作品有了价值表示物后，可让众多参与者加入进来，实现价值流通并形成价格。

数字资产化，则是通过链上通证化，使原生于互联网的数字物品得到确权和保护。以往，诸如游戏装备、虚拟礼品等数字物品存储在游戏服务商的服务器中，实际上不属于玩家，还面临着损毁、被盗、黑市交易等问题。而借助区块链，开发者可以创造稀有的虚拟物品并确保其稀缺性，用户也可以安全、可信地保存及交易自己的物品。NFT 加速数字资产化的同时，也使得资产价值更充分地被估算。

虚拟物品上链被数字资产化后，将被定价并流通。数字资产在流通的过程中，将分成协议写入智能合约，原始创作者和艺术家可以在数字艺术品的转售过程中享受分成收益，这意味着创作者能够获得更多的应得利益，将极大激发创造力与积极性。NFT 提供了一种新的商业化方式，有助于激发数字艺术领域的创作生态、扩大数字资产的范畴。

NFT 表示的数字资产越来越多，但其真正价值的大小与流动性市场的价格反应机制相关，流动性也是相对的。一是，参考过去的交易数据，较高的交易数量在某种程度上代表较高的流动性；二是，某些交易量小的市场虽然流动性低，但是其中个别作品极具稀缺性，比如知名艺术家推出的作品，也可以被认为是一个非常独特与具备吸引力的流动性市场。

当前 NFT 的价格反应机制主要为两种。一是销售机制，目前大多数的 NFT 交易平台上，NFT 的估值是由公开市场的公开销售创建的。当一个 NFT 被转手卖出时，市场会记录资产的历史价格与来源，如果一个市场参与者人数较少，这种机制就不会获取太多有效的定价信息，市场的流动性也较差。二是拍卖机制，NFT 市场上的卖家与买家也会通过拍卖来为 NFT 定价，比如 Async.Art、SuperRare 会采用拍卖的方式。拍卖对艺术品的销售较为有意义，因为数字艺术品的内在价值往往更为主观。

那未来如何实现灵敏的 NFT 价格反应机制？一是强势思维，即强者通吃，加大两极分化；二是 IP 化运营，即一个 NFT 作品要想增加流动性，需要 IP 影响力的加持；三是以确切的作品反哺 IP 影响力，且变现价值更大。

宏观来看，平台或运营方只有充分开放，才能带来丰富的生态，而生态越开放，参与主体越多，价值链条越长，要素流动就会越充分，最终供应链的价值就会越大。

微观来看，NFT 作为一种机制，其作用或价值的体现，一定是基于 IP 或确切的作品；作为 IP 或确切的作品，其价值呈现的核心是被认同。基于 NFT 的机制，确切的作品交易链条越长，价值空间越广阔；且单一环节的流动性越好或换手率越高，其价值重估幅度越大。

IP 与"确切的作品"互为正反馈，即 IP 方创作出"确切的作品"，作品以其专业度、辨识度、赞誉度又去夯实 IP 的影响力。相对于"毫不费力"地降维生产，"确切的作品"则需要升维去打磨。

一、确切的作品交易链条越长，价值空间越广阔

以某个单一 IP 为例，元宇宙时代"确切的作品"并非一定是实物，其授权等业务的交易链条越长，价值空间越广阔。2022 年冬奥会爆火的"冰墩墩"与谷爱凌，他们自身即"确切的作品"，展现出交易链条长短对价值空间的推高效应——"冰墩墩"难以顺畅拓展广告代言与电商直播，而谷爱凌则顺畅地拓展了交易链条。

"冰墩墩"：顶流 + NFT = 涨幅 5—20 倍

"冰墩墩"爆火的引线是日本记者的疯狂"安利"，使得

"冰墩墩"在日本迅速"圈粉"无数。日本人对IP的敏锐性极高。

"冰墩墩"具备熊猫元素,套上冰糖葫芦的壳,看起来很萌。大熊猫是三届体育盛会吉祥物原型——1990年北京亚运会的"盼盼"、2008年北京奥运会的"福娃晶晶"、2022年北京冬奥会的"冰墩墩"。从原创的角度看,"雪容融"更有原创性,但"冰墩墩"的IP热度远高于"雪容融"。

NFT的运营机制赋予了顶流IP"冰墩墩"全球范围的真正市场价值。一方面,2022年2月9日,NFT交易平台nWayPlay在国际奥委会官方授权下,发售了500个NFT数字盲盒,每个售价99美元;另一方面,2月15日,在nWayPlay提供的官方交易平台上,"冰墩墩"系列NFT价格涨幅在5—20倍不等。其中,"冰墩墩"系列NFT有多个版本,包括高山滑雪、单板滑雪、钢架雪车、冰壶、冰球、滑冰等项目,最低报价在600美元左右,是发售价的6倍;最高成交价格为1 888美元,大约是发售价的18倍。由此可见,5—20倍,是一个顶流IP能释放出来的价值增量区间。

由"冰墩墩"的成名案例可以看出IP的特征:一是成为IP之前,谁都有机会;二是IP包括创作与显现,显现更为重要;三是IP是社交硬通货;四是与谷爱凌的IP相比,"冰墩墩"

的核心在于短时间内显现成顶流 IP，创作环节与其成为顶流 IP 的关联度不大，这就决定了"冰墩墩"这一 IP 的价值爆发性低于谷爱凌这一 IP。

谷爱凌：创作与显现同时被全球观众所辨识

谷爱凌这一 IP 有三个特征：首先，她是美国文化与中国文化非常完美的融合，辨识度高；其次，她于 2019 年加入中国国籍，时间点非常完美；最后，她的创作过程即显现过程，被全球观众在同一时间标记为顶级专业度。

新一轮的 IP 孵化与商业化核心在于创作者的作品及其显现。从这个角度看，谷爱凌这一 IP 比"冰墩墩"更契合新一轮的 IP 孵化与商业化。

谷爱凌这一 IP 的商业价值目前主要体现为广告代言，未来或将包括更多变现方式。但短时间内谷爱凌的广告代言密度令人惊叹，未来顶级 IP 均如是。此外，若谷爱凌有数字分身与数字化身，预计商业价值能放大至少 1 倍。

由此可见，IP 的商业化过程中，首先，广告代言远远优于电商直播；其次，专业性与辨识度构筑了 IP 价值，并将逐步取代明星的代言；最后，未来 IP 将转换为各种具备专业度、辨识度、影响力的创作者。

相对而言，谷爱凌这一"顶流"，若被 NFT 所加持，价值释放幅度预计大于"冰墩墩"。

以全球市场份额最高的苹果公司为例，苹果产品的交易链条对单个用户而言，纵向是 iPhone 历代的推新，横向是 iPad、MacBook、AirPods、Apple Watch 等基于 iOS 封闭系统的诸多产品的开发。这明显拉长了交易链条，单用户最大的价值贡献即购买每种产品的每一代新品。

用户在苹果公司的交易链条之所以能持续拉长，离不开苹果设备之间比较完善的应用与接力、隔空投送等功能与应用、App Store 及 iCloud 等服务。苹果将硬件、软件、服务三者相互融合，为用户在多个苹果设备上提供良好、完善的体验，这一生态模式将彻底引领元宇宙时代头部科技公司的未来打法。

二、参与主体多、价值链条长、流动性好，则生态供应链的价值大

以丹麦乐高公司为例，1932 年，"LEGO"商标创立，来自丹麦语"LEgGOdt"，意为"play well"（玩得快乐），而在拉丁语中，它还有"拼合"的意思。自那时起，乐高玩具开始逐渐走入人们的视野并被大众熟知，乐高公司由此打造出

极为成功的 IP 生态。

乐高的参与主体非常多,百度指数显示,在关注乐高的群体中,以 20—39 岁的人群为主,占比合计达到 80.7%,可见"80 后""90 后"群体成为乐高玩具的主要关注人群。同时,乐高的兴趣用户在性别上区分并不大,男女占比非常接近(图 4-1)。

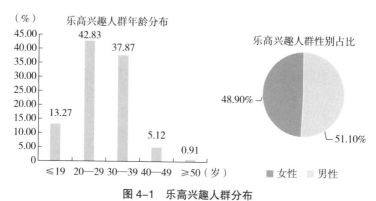

图 4-1　乐高兴趣人群分布

资料来源:百度指数(2020 年 2 月 1 日—2 月 29 日)

泡泡玛特主打盲盒策略,乐高更是深谙此道。乐高有意利用稀缺性——绿色方块(block)的数量营造产品价值。

积木是乐高"确切的作品"的表现形式,对于其作品,乐高有极致的品质追求——口水测试(测试积木上的颜色会不会被洗掉)、强度测试(保证孩童用户的安全)、精心设计、开模修模、反复测试,保证只有完美的模具才能被送到厂房。

在作品的使用寿命上,疲劳测试显示,假如一堆积木每天拼插 10 次(极高的数值),也需要 10 年才能报废。

在"确切的作品"基础上,乐高成功跻身为 IP 生态公司之列,它将其"确切的作品"成功打造为教育应用向的产品,可以锻炼玩家的空间思维与动手能力,如 6 块 8 颗凸起的长方体乐高积木可以拼出 102 981 500 种组合,甚至衍生出一篇文章——《乐高颗粒的几何原理》。在"确切的作品"基础上,乐高构建了乐高教育机构、乐高小镇,帮助孩童或大人,从搭最简单的火车到用核心模块设计、组装机器人。从交易链条的角度看,乐高可以在用户孩童时作为普通玩具,亦可在用户小学阶段开始培养其参与国际机器人大赛的能力。

乐高的"确切的作品"在持续推新,如购买热门 IP,将 IP 形象内化到自己"确切的作品"里。全球知名 IP 尤其是好莱坞的 IP 都成为乐高"确切的作品"推新的动力来源,打造了乐高漫威超级英雄系列、乐高超级马力欧系列、乐高星球大战系列、乐高哈利·波特系列、乐高迪士尼系列、乐高幻影忍者系列等 IP 联名产品。此外,乐高自身的 IP 人物与故事则通过其他的内容形态,借助于积木市场的用户基数,网罗更多的新用户,如乐高大电影。IP 强强联合亦是乐高抬升自身 IP 影响力的常规手法——让 3 只 4 厘米高的乐高公仔搭上 NASA 派往木星的"朱诺号"探测器,与法拉利合作为 F1 明星 SF16-H 制作专题模型。乐高的 IP 还向外授权,IP 联名产品触及热门的电影、电视剧、游戏、运动等众多领域(表 4-1)。

表 4-1 各类型乐高产品

类型		名称
积木产品	经典系列	得宝系列、Classic 系列、Creator 系列
	主题系列	城市系列、忍者系列、精灵系列、好朋友系列、BrickHeadz 系列、未来骑士系列
	IP 系列	星球大战系列、哈利·波特系列、超级英雄系列、迪士尼系列、我的世界系列、愤怒的小鸟系列
	创意高手系列	建筑师系列、科技机械组系列
机器人产品		头脑风暴系列、WeDo2.0 系列、Boost 系列
教育产品		幼儿教育、小学教育、中学教育、课外教育、乐高认真玩
电影产品		乐高大电影系列
游戏产品		乐高星球大战、乐高生化战士、乐高次元、乐高融合、BrickHeadz
漫画产品		乐高星球大战、乐高生化战士、乐高气功传奇

资料来源:方正证券研究所

乐高"确切的作品"的流动性极好,一方面乐高在不断推陈出新,另一方面一些曾经的经典玩具也跻身于收藏品之列,这也使得乐高的二手市场格外繁荣。根据俄罗斯国立高等经济学院的研究报告,从 1987 年到 2015 年,乐高玩具平均回报率约为 11%,比黄金、股票及债券等传统投资产品的表现更好。如2003年与电影《加勒比海盗》合作的"黑珍珠号"乐高玩具套装在2011年售价为84.99英镑,截至2020年已涨价超过350%,全新未开封的二手套装甚至可以卖到308.53英镑。2011年之前生产的乐高玩具套装增值幅度更大,1999年《星球大战:幽灵的威胁》中出现的"纳布星际战斗机"玩具套装最初售价为32.4英镑,现在易贝(eBay)网上售价已达到402.72英镑。

在全球疫情肆虐的2022年,根据乐高集团公布的财务报告,乐高集团营收达646亿丹麦克朗,与2021年同期相比增长17%;净利润为138亿丹麦克朗,与2021年年同期基本持平,延续了乐高集团近5年收入、利润持续正增长的态势(图4-2)。

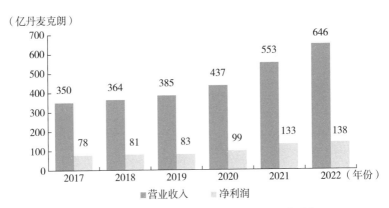

图4-2 2017—2022年乐高集团营业收入及净利润

资料来源:乐高集团业绩通报

反观移动互联网时代的中国动漫产业，经过近10年的产业化，难言成功。究其原因，即在于动漫的产业链很长，但产业链与价值链极不匹配。从源头的剧本（文字）到动漫（图），再到动画片、动漫电影、游戏，最后到衍生品（如盲盒）、周边（乐园、授权等），这一长长的产业链上，真正能挣钱的环节不多，商业化最为确定的是部分衍生品（盲盒）、部分授权，除此之外的文字、图片、视频几乎都难以实现好的商业化。究其原因，难以商业化的诸多环节流动性较差，而这是NFT可以明显发挥作用的地方；而交易链条越长，意味着有商业化可能性的环节越多，单一环节的商业化路径清晰且顺畅，最终的商业空间则不是单纯的"加法"，而是实现"乘数杠杆效应"。

国内IP生态里有一匹黑马，它的"确切的作品"是《熊出没》系列。在此处提到它，是因为它不可小觑——已经在春节档坚守了8年，这在中国电影史上极为难得，堪称"常青树"。

2012年1月22日，《熊出没》在中央电视台少儿频道首播，熊大和熊二的东北话以及伐木工光头强的幽默形象一下子吸引了众多儿童观众。继《喜羊羊》之后，《熊出没》以3.85的收视率创造了中央电视台少儿频道开播以来的最高收视纪录，牢牢占据了适龄儿童的视野。

随后《熊出没》从动画片成功跻身"动画电影圈"。2013

年，动画电影《熊出没之过年》在中央电视台少儿频道首播收视率突破3.85，打破了该频道的收视纪录。2014年1月，3D动画电影《熊出没之夺宝熊兵》正式上映，凭借当时看来颇为震撼的3D效果和充满正能量的启蒙剧情，这部电影同时获得了儿童和成年人的青睐，上映首周票房达1 600万美元，创造了中国本土动画片在内地的开画纪录，并于2014年1月28日正式突破两亿元票房大关，成为中国电影史上首部突破两亿元的国产动画电影，获得了"最佳影视动画长片金奖""最佳动画长片奖"等殊荣。

此后《熊出没》系列开始常驻院线的春节档，在剧情设计上也总是能够推陈出新。2013年以来，《熊出没》大电影涉及了思念、信仰、亲情、爱情、友情、梦想等元素。2022年，《熊出没之重返地球》还加入了硬核科技的内容。《熊出没》系列大电影的上座率也连续多年维持在档期前四名：2018年《熊出没之变形记》上座率达45.4%，超过《西游记·女儿国》；2019年《熊出没之原始时代》上座率达37.7%，超过《新喜剧之王》；2021年《熊出没之狂野大陆》上座率达39.1%，超过《刺杀小说家》。同时，其豆瓣口碑也稳定在6分以上，其中2015年春节档的《熊出没之雪岭熊风》还获得了7.9的高分。

如果说2013年的第一部动画电影《熊出没之过年》是其

在电影圈开始询价,那么之后每年春节档的《熊出没》系列票房数据几乎节节攀升——2015年到2022年(不包括2020年)的春节档票房分别为2.94亿元、2.87亿元、5.21亿元、6.05亿元、7.17亿元、5.95亿元、9.78亿元——则是在年年询价过程中,"碰到询高价者概率越高"。询价过程也是推高辨识度的过程,可以反过来提高知名度,该系列电影被誉为"国漫之光""流水的春节档,铁打的《熊出没》",将为此后的作品带来更好的流动性。

三、流动性折价、被低估是由于外界对"确切的作品"认知不充分

NFT赋予"确切的作品"的流动性,类似于股市中单个股票的股性,股性越好,估值越高。股性的本质是群众基础、认同基础,而流动性好的市场能聚集人气,流动性差的市场则体现为"折价效应",即确定性被低估。

流动性对于生态级别的交易市场极为重要,同样的上市公司,流动性欠缺的B股与H股的估值总比A股估值低。数据显示,绝大多数B股相较于A股都处于折价状态,更有部分B股相较于A股折价50%以上。如2022年5月27日收盘

中信银行 A 股 4.65 人民币，H 股 3.76 港元，3.76 港元兑换成人民币为 3.2 元。（4.65 - 3.2）/ 4.65 = 31.18%，即 H 股相较于 A 股折价 31.18%，A 股相较于 H 股溢价 45.31%。

折价或被低估，原因只有一个：被关注度低。从市场交易的角度看，影响"确切的作品"定价的因素很多，包括经济环境、作品的质地、"黑天鹅"事件，这些因素都会体现在作品的定价上。从建设性的角度看，对于"确切的作品"，创作者更要花精力在作品的"显现"上，显现即被关注。创作与显现，是元宇宙时代创作者运行逻辑的奥义之所在。

第四节
警惕顶级 IP 的过度泡沫化

NFT 作为一种机制，虽然"平权"（对所有用户而言），但并非"平均"（对不同的作品或 IP 而言），NFT 的机制会加剧资产估值的两极分化，顶级的 IP 一定会过度泡沫化。

商业化作为一种正常的市场运行行为，本来就遵循"二八原则"，加之 NFT 对流动性的推高，"二八原则"更会走向极致。从另一个角度看，过度泡沫化的顶级 IP 为所有的 IP 商业化打开原有的"天花板"，对整个市场的商业化而言，具有非常突出的示范效应。

以明星为例，衡量明星的商业价值有三个维度：粉丝数、路人缘（潜在粉丝数）、持续时间，前两者是现有数据，后者则是建立在前两者之上的"弹性部分"，是预测数据。"弹性部分"反而是发挥乘数效应的最重要的部分，这也是网红商业价值难以比肩明星的核心原因——网红的持续时间不定。如果某品牌广告主以 1 000 万元聘用某当红明星，若明星能火 5 年，年化平均成本则是 200 万元；若明星能火 10 年以上，明星代言则是品牌知名度的最坚实保障，如周杰伦代言的优乐美、林俊杰代言的可爱多、张含韵代言的蒙牛酸酸乳。

我们之所以认为在 NFT 机制下，顶级 IP 一定会过度泡沫化，是因为顶级巨星的商业价值很难用数据来衡量，且难以衡量其有多大的潜在价值可以挖掘，尤其是面对移动互联网带来的流量惯性。

2019 年，NBA 的球员平均薪酬水平为 832 万美元，是全球平均薪酬水平最高的体育联赛，紧随其后的是印度板球联赛与美国职业棒球大联盟，英超以平均 397 万美元位列第四。在俱乐部平均薪酬榜上，巴萨（1 228 万美元）、皇马（1 115

万美元)、尤文图斯(1 011 万美元)占据了前三，领先于身后的波特兰开拓者、金州勇士等一众 NBA 球队。

但这只是平均水平。根据"二八法则"，在全世界具有普遍知名度的超级巨星，实际上拿到的薪酬远高于这个数字，因为超级巨星的奖金与代言收入极为可观。根据《福布斯》公布的榜单，2019 年全球运动员里最能挣钱的梅西拿到了 9 200 万美元的薪酬与 3 500 万美元的代言费，以 1.27 亿美元高居收入榜首；C 罗与内马尔分别以 1.09 亿美元与 1.05 亿美元紧随其后；墨西哥拳王阿尔瓦雷斯与网球天王费德勒分别排名第四与第五——他们二者非常有对比意味：前者拿了 9 200 万美元的拳赛奖金，代言收入却只有 200 万美元；后者的赛事奖金只有 740 万美元，却有着全球体育圈最高的 8 600 万美元代言收入。超级巨星的商业价值虽然与顶级赛事的表现高度绑定，但也有个人因素的影响，如非常鲜明的跨界知名度、个人特殊的形象标签。

在薪酬、奖金与代言费之外，超级巨星也有其他衍生业务收入，如超级巨星勒布朗·詹姆斯是诸多实业公司的股东。在衍生业务中，最有想象空间的则是与个人品牌相关的衍生业务，如"中国李宁"——从"中国第一代体操王子"到"市值千亿的民族品牌"，大众对这个名字的概念转化之路，不仅代表着李宁个人从运动员到企业家的完美转型，更是体育明星把个人商业价值开发最大化并不断引爆升级的代表。

移动互联网带来的流量惯性，在元宇宙时代的初期亦会承接，甚至马太效应会更明显——流量时代粉丝数量决定代言价值。2020年1月，C罗在社交媒体上的粉丝总数突破了4亿人；2019年，C罗通过Instagram广告入账4 270万欧元，这个数字超过他在尤文图斯拿到的税后年薪，这就是社交媒体的价值放大效应。

在NFT加持下，各项收入都有放大空间，甚至基于正反馈效应，各项收入都有"被高估"的可能，因此顶级IP一定是在马太效应加剧下过度泡沫化的。

NFT在国内市场刚刚起步不过一年左右的时间，大多数的入局方仍在早期探索阶段，相关业务布局也是刚起步。目前，全球包括国内NFT行业的发展均面临着系列问题，比如未能建立起NFT的价值评估标准，尚未证明NFT产品的长线价值及其在元宇宙中的不可替代性。

但NFT的未来充满了想象空间，机遇与风险共存。NFT与IP的结合，一方面会带来IP产业新的发展路径，另一方面也带来了IP价值的泡沫化。有些许泡沫也属于正常，更有利于行业竞争，有利于促进优质IP脱颖而出。

如何避免 IP 的过度泡沫化？我们认为需要各入局方的共同努力。对政策制定者而言，NFT 作为新兴事物，其本身的法律性质和权利边界尚缺乏政策的支撑，这需要监管部门完善相关政策与机制的建设，以规范行业健康发展，如颁布针对 NFT 的法律性质、交易方式、监督主体、监督方式等方面的规定。对技术方或平台方而言，要依据相关政策规定合法经营，同时需要践行科技向善理念，合理选择应用场景，发挥 NFT 在推动产业数字化、数字产业化方面的正面作用。对 IP 方或创作者而言，要坚持内容为王，以"确切的作品"去寻求价值认同。对消费者而言自身也要理性消费。

第五章

虚拟人与 NFT 对当下的重构：重塑企业的"三张报表"

现代企业经营离不开"三张报表"——资产负债表、利润表和现金流量表。

据观察,很多入局方将虚拟人当成"费用"投入,但它本质上将成为企业的"资产"。费用体现在利润表中,而资产体现在资产负债表中。很多用户将NFT当成一种消费方式,是支出项,但它本质上是服务于个人创造的商业化变现,即创收,收入与支出分别对应现金流入与流出,在现金流量表上具有截然相反的意义。

第一节
虚拟人作为未来的"明星":在资产负债表的"资产"而非"商誉"中

一、虚拟人的分类对比

从应用层面看,虚拟人分为服务型虚拟人与身份型虚拟人两种。服务型虚拟人具有功能性,能够替代真人提供简单的功能性服务,或完成一些简单的工作,可以降低现有服务型产业的运营成本,代表应用场景是虚拟带货主播、虚拟客服、虚拟导购等;身份型虚拟人具有身份性,以虚拟IP或偶像呈现,或在C端社交场景中作为数字化身而存在,代表应用场景为虚拟偶像、虚拟化身或虚拟分身等。

服务型虚拟人与身份型虚拟人有着不同的商业模式,各有其优势(表5-1)。

从变现能力的角度来看,身份型虚拟人的变现能力更强。身份型虚拟人的商业模式类似于真人明星,通过参与品牌推广或代言、参演节目、直播打赏、发布音乐专辑、售卖周边产品等方式，依托粉丝经济进行变现，其特点是能带来较高的收入增量，如 Lil Miquela、初音未来。而服务型虚拟人的主要经济效益不在于直接创造增量收入，而在于降低人力成本。虽然服务型虚拟人创造的经济效益较小，但其内核是人工智能，是元宇宙的基础构成要素，长期来看有非常可观的 B 端市场空间。

表 5-1　服务型虚拟人与身份型虚拟人对比

项目	服务型虚拟数字人	身份型虚拟数字人
定位	・功能性，主要面向 B 端提供服务 ・替代真人，提供简单功能服务 ・多模态 AI 助手，提供日常陪伴、关怀等服务	・身份性，用于娱乐和社交 ・虚构的虚拟形象，生产虚拟内容 ・真人的虚拟形象
应用	・功能类服务：虚拟客服、虚拟导购、虚拟讲解员 ・情感类服务：虚拟陪玩、虚拟陪聊、虚拟恋人 ・直播带货：AI 虚拟带货主播	・虚拟 IP 运营：虚拟偶像、虚拟主播等 ・人的虚拟化身：解决空间问题 ・人的虚拟分身：给时间加杠杆
价值	・对公司来说，作为成本项而存在 ・降低已有的服务业成本，为存量市场降本增效 ・内核是人工智能，是元宇宙的基础构成要素	・对公司来说，作为数字资产项而存在 ・在增量市场创造新价值增长点 ・元宇宙中虚拟化身／分身的 C 端社交需求有待释放

从数字资产的角度来看，国外是真正将虚拟人当作数字资

产在运营，但是国内很多服务型虚拟人的应用不是将虚拟人当作一项数字资产，而是当作一项成本进行投入，更多是对现有行业的赋能，从而在短期内实现降低成本，提高运作效率。

从虚拟人的发展现状来看，美国在应用方面重点打造虚拟 IP；日本、韩国也主要落地在文娱领域，擅长打造二次元人物与娱乐偶像；国内虚拟人市场关注度比较高的也是虚拟偶像这一细分市场，对标初音未来的洛天依在国内推出后，带动虚拟偶像产业突破亚文化圈，成为文娱领域的新现象，但是发展相对滞后于国外。

总结来看，身份型虚拟人与服务型虚拟人的底层商业逻辑存在非常大的差异，甚至底层技术路径也不同。海外企业对虚拟人技术路径的实现、应用场景的要求更高，对收入看得更长远；而国内虚拟人的发展更着眼于当下运营效率的提高，商业化场景较为单薄，变现方式大多局限于直播电商等短期流量红利，或者智能导购、客服等行业，很难进一步拓展价值空间，导致目前这个赛道的天花板偏低。

二、虚拟人的商业模式分析

早期身份型虚拟人以 IP 运营为核心，商业价值弹性大。

我们先以身份型虚拟人为例进行商业模式分析，并分析其对公司财务报表的影响。

在变现收入端，虚拟偶像与真人偶像类似，计入相关收入项。

对真人偶像而言，经纪公司主要通过安排签约艺人参与商业活动，例如代言、商业宣传等；提供娱乐内容服务，例如出演电影、剧集及综艺节目，为包括企业客户、媒体平台、内容制作商及广告传媒公司在内的客户提供服务，来产生收入。

对虚拟偶像而言，其打造的核心在于IP的运营、人格化的培养，通过发布音乐作品、参加节目、产出内容来增加曝光度，积累一定的粉丝数量后再通过演唱会、广告代言、周边、直播等路径进行变现，获取相应的收入。

在成本端，虚拟偶像与真人偶像存在较大的不同。

对于经纪公司来说，真人偶像的主要成本为支付给艺人的分成结算款。根据艺人管理合同，扣除相关开支后，公司会按艺人合同所约定的百分比与签约艺人分成，由于艺人影响力以及活动内容不同，该百分比存在差异。根据头豹研究院的数据，虚拟偶像的成本主要集中在前期的制作方面，占比可达60%，后期的规划运营与商务成本占40%。

相较于真人偶像，虚拟偶像在前期需要投入一定的制作成本，但后续可以持续使用，且其规模化或将带来边际成本的持续下降。同时，无须考虑虚拟偶像的时间、精力等因素，虚拟偶像可高频次出席品牌活动、参与影视剧制作，公司所得收入不需要再与虚拟偶像进行分成，影视片酬与代言成本等均可能大幅降低，后续整体运营成本或将远低于真人偶像。

虚拟人革新了"轻资产"公司的资产负债表，并大幅优化了利润表。在一些财务指标上，虚拟人可以沉淀为公司的数字资产，落座于资产负债表的"资产"而非"商誉"中。虚拟人更重要的意义是重塑商业模式。虚拟人既用于生产内容，也用于变现内容，将重塑内容产业的业务模式与商业模式。相关公司的业务模式、盈利模式将发生实质性改变。

真人艺人作为企业的员工而存在，企业需要给艺人支付劳动报酬；而虚拟偶像可以沉淀为数字资产，作为无形资产而存在，可优化公司的资产负债表。从长期来看，真人艺人所带来的边际效用不会大幅增长，原因在于成名艺人的话语权变大，预计会要求提高自身的收入分成比例，具体体现为营业成本的提升，进而导致毛利率下降。但虚拟偶像的知名度与影响力的提升，一方面会给公司带来收入的大幅增长，与此同时相关营运成本提升幅度不大，进而带来边际成本的大幅下降,毛利率提升;另一方面,其商业价值的增加有望带来其作为数字资产的估值的提升。

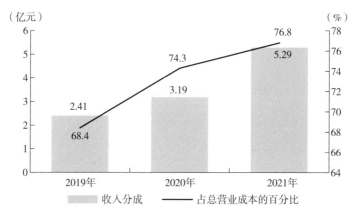

图 5-1 乐华娱乐收入分成及其占营业总成本的比重

资料来源:乐华娱乐招股书

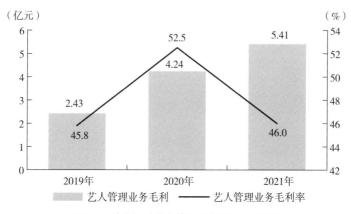

图 5-2 乐华娱乐艺人管理业务毛利及毛利率

资料来源:乐华娱乐招股书

相较于传统真人偶像，虚拟偶像具备以下几个核心优势。（1）边际成本递减。虽然前期虚拟人的建模成本较高，但随着后续人工智能技术的进步与虚拟偶像培育的成熟，虚拟偶像的运营成本将逐步降低，而培养一名中部主播或艺人所耗费的时间与成本并不低。（2）无人才流失风险。虚拟偶像属于公司自有IP资产，完全自主可控，不会出现真人偶像走红后跳槽的风险。根据乐华娱乐招股书，公司通过与签约艺人签订独家艺人管理合同形成及保持稳定长期的业务关系，大部分长期合同的期限为5—15年不等。（3）道德成本风险低。近几年国内娱乐圈的艺人常有失德的问题发生，而虚拟偶像有天然的IP安全性优势，人设不会轻易"翻车"。

长期来看，身份型虚拟人的IP打造与技术水平迭代是关键。在理论层面，制约虚拟偶像规模化应用的因素，不仅是底层技术逻辑，还有运营公司的IP孵化与商业运作能力。虚拟偶像的培育类似泡泡玛特的IP孵化逻辑，需要很强的IP运营能力及丰富的商务资源。在技术层面，随着制作引擎的快速迭代发展，高度写实的数字虚拟人技术难题或已攻克，制作门槛大幅降低，但现今的问题在于虚拟人的前期制作成本及后期驱动、运营成本仍然高企，身份型虚拟人目前只在B端进行商业化的尝试，还难以在C端规模化落地应用。

第二节
虚拟人制作：企业"成本"的升与降

前文指出虚拟人可细分为身份型虚拟人与服务型虚拟人，两种虚拟人的技术基础及应用场景均不同。其中身份型虚拟人对模型的精细度要求非常高，以柳夜熙、邓丽君为代表的超写实虚拟人的背后也暴露了行业的一些问题，超写实意味着更高的技术门槛与制作成本，且虚拟人后续的驱动与IP运营也是一项极大的开支。

超写实虚拟人的制作成本根据质量的高低而有较大的差异。在制作环节，高质量的超写实虚拟人的制作过程较为复杂，由于对精度的要求高，需要采集光感的面部数据，成本超过百万元；而低质量的超写实虚拟人的制作成本为60万—120万元。在驱动环节，生成高质量虚拟人需要光捕设备，优质的光捕设备价格为200万—300万元，一般的光捕设备价格为100万元，光捕设备的成本取决于光学相机的数量与质量。

卡通形象虚拟人的制作成本相对低很多。相较于超写实虚拟人的制作，卡通形象虚拟人无须在面部细节方面投入过多。此外，卡通形象虚拟人的角色细节较少，真实感较低，所以渲染的工作量也会较低。一般来说，卡通形象虚拟人的制作成本在 10 万元以内。

在制作周期方面，高质量的超写实虚拟人的制作周期为 3 个月，低质量的超写实虚拟人的制作周期为 1—2 个月；高质量的卡通形象虚拟人的制作周期为 1—2 个月，低质量的卡通形象虚拟人的制作周期为 1—2 周。

虽然虚拟人的制作会增加企业的"成本"，但可以大幅降低企业的"销售费用"。不同于身份型虚拟人，服务型虚拟人的外在形象并不是核心要素。在经济效益上，两者最大的区别在于，身份型虚拟人可以为企业扩大营收水平，服务型虚拟人可以降低企业的运营成本。现阶段，服务型虚拟人瞄准的应用场景为虚拟带货主播、虚拟客服、虚拟导购等，其主要经济效益不在于直接创造增量收入，而在于降低人力成本。

以虚拟主播为例进行分析。虚拟主播作为服务型虚拟人，能够在直播带货行业率先落地应用，原因在于带货是最为直接、高效的变现方式。虚拟主播可以定位为"工具人"，在"人设"构建初期即可上岗产生效益。随着人工智能技术与直播行业的不断结合，支撑虚拟主播落地的技术门槛降低，虚拟主播正逐步规模化落地。品牌方部署虚拟直播间，主要是出于成本与收益的考量。

第一，虚拟主播的成本低。对品牌方而言，邀请中腰部以上的网红达人进行直播带货，需支付的坑位费、佣金等费用并不低。品牌方大多有自己的直播间，需要经常直播。根据前程无忧招聘信息，普通带货主播的月薪资水平约1万—2万元。目前已经有一些工具化的平台出现，如京东云数字人主播平台、百度智能云曦灵数字人直播平台等。

第二，虚拟主播可以24小时在线。真人主播的时间、精力有限，流动性也较强，但虚拟主播并不是来取代真人主播的，它们可以在真人主播休息的时间上岗。尤其是对中腰部品牌而言，虚拟主播可做增量贡献，原因在于进入直播间的消费者已经对品牌有一定认知，只需了解商品与折扣等信息，就有可能做出购买决策。

以AI能力领先的百度为例，其正在布局虚拟数字人直播平台，目前已为诸多行业的公司提供了行业解决方案。2022年7月21日，2022年百度世界大会正式开启，AI数字人希加加重磅带来百度智能云曦灵数字人直播平台，聚焦电商直播、品牌营销、互动娱乐等领域，实现超写实数字人24小时直播，支持随意切换妆发、服装、场景。据介绍，相比真人直播，虚拟人直播可降低人力、时间、空间的限制，无须中控人员、复杂硬件的支持，可以为商家降低30%以上的直播成本。目前，百度智能云曦灵打造的几十位虚拟人已经落地各行各业，如央视网小C、央视新闻AI手语主播等，都经历了大型直播的考验。

总体来说，电商直播行业人才缺乏，中腰部以上的主播少且成本高，对主播的投入及其产出具有非常大的不确定性。因此对无力培养主播的中小品牌方而言，选择虚拟主播不失为一个好策略。虚拟主播的成本低，且其带货能力不一定亚于真人主播，因此性价比高。对中腰部品牌方而言，一年的虚拟主播服务费在几千元到几万元不等，可以作为日常运营，补充无真人直播的时段，如凌晨档，实现降本增效。

在其他B端应用领域，以AI为内核的数字员工赋能行业发展。电商与内容领域之外的虚拟人也正被大众所认知。另外，虚拟人也符合数字经济发展方向。2021年10月，国家广播电视总局发布的《广播电视和网络视听"十四五"科技发展规划》明确指出，将推动虚拟主播、动画手语广泛应用于新闻播报、天气预报等节目生产，提高制播效率和智能化水平；同时，探索短视频主播、数字网红等虚拟形象在节目互动环节中的应用，增加个性化与趣味性。

前文提及身份型虚拟人更倾向于在文娱领域应用，制作技术更强调创意、美观；而服务型虚拟人可在特定场景提供服务，替代真人作为虚拟员工而存在，制作技术更强调智能化、交互性。

其实一些虚拟员工早已应用于诸多服务型行业中，赋能行业发展，比如虚拟客服是一个很大的应用类别，尤其是在一些专业性较强的客服领域（金融证券、保险服务等），虚拟客服可以比较准确且生动地解答大家的疑问。对服务型企业而言，虚拟客服在普通 AI 产品的基础上增强了互动体验，有利于塑造品牌形象。

长期来看，以人工智能为内核的虚拟员工将成为元宇宙的重要建造者。顺应数字经济的发展趋势，在人工智能技术的加持下，未来有一些行业将通过虚拟人进一步提高现代化、智能化的水平，如政务、文旅、教育等领域都已出现各式各样的虚拟人，在日常生活中扮演着重要的角色。从更长远的角度来看，在未来元宇宙的建设中，服务型虚拟人可以代替人去发挥一些关键生产要素的作用。元宇宙将带来数据洪流（如 3D 场景、360 度渲染场景），不可能单靠人力去处理这些海量的数据，具备越来越强的自主学习与决策功能的人工智能辅以人工去微调，可大幅缩短构建元宇宙的周期，降低人力成本。

机器人看似不在虚拟人的讨论范畴里，但其存在对元宇宙的构建非常重要。机器人的内核是 AI，这与服务型虚拟人的内核是一致的，只不过一个存在于现实世界，一个存在于数字空间。在元宇宙不可逆的大趋势下，人作为用户将被深刻影响与改变，在软件与硬件升级后，人将会把更多的时间消耗在元宇宙中，现实物理世界中的很多角色、职能、功能将由机器人来承接。机器人的存在将在经济学意义上降低商品与服务的价格。

第三节
NFT 的价值重估作用：
放大资产负债表中"资产"的量级

2021 年 2 月，NBA Top Shot 平台上的詹姆斯卡片（NBA 球员精彩瞬间）以约 21 万美元出售；3 月，来自昵称为"Beeple"的美国艺术家迈克·温克尔曼的 NFT 作品《每一天：前 5 000 天》以约 6 900 万美元的天价成交；8 月，NBA 球星斯蒂芬·库里（Stephen Curry）以 18 万美元购买 BAYC

的 NFT 作品……

以上案例体现出了 NFT 所带来的巨大价值。如今，NFT 的热潮正在从艺术领域蔓延到旅游、音乐、体育、游戏等多个领域。NFT 艺术收藏品作为数字艺术的分支，为数字时代带来了全新而多元化的艺术形态，也帮助诸多传统行业焕发出新的生机。NFT 最大的潜力就是重塑资产的流动性，并带来价值重估。在 NFT 的机制下，有价虚拟物作为数字资产而存在，通过放大流动性来实现价值重估。

相比于传统交易，NFT 提高了资产流动性，扩大了用户的覆盖面。对书画、文物、瓷器等实体藏品而言，再怎么稀缺，没有流动性也就没有价值，NFT 将流动性带入了交易稀少或不属于传统投资组合（例如艺术品、房地产、IP）的资产类别。现实中的实物艺术品流动非常受限，需要验证艺术品的真伪，而且传统艺术品的受众非常小，一般通过拍卖行成交，覆盖用户有限。

因此，传统领域需要新技术与新机制的加持，以获得新的发展活力或创新发展方式。比如敦煌壁画利用技术手段展现敦煌古今融通的沉浸式互动空间场景，加强中国现象文化 IP 的再造与转化，以跨界融合的方式推动艺术与创意的融合、经典与时尚的融合。同时，联合发行方发行 NFT，以动静结合的形式使古老文化借助新兴技术"活"起来，带来全新的敦煌艺术展，让大众更好地领略敦煌文化的艺术魅力与文化价值。NFT 的作用在于，一方面，使实体资产数字化；另一方面，借助文物的 NFT 化，扩大了用户覆盖面，将数字艺术的流通对象拓展到一般消费群体中，以此增强了敦煌旅游的吸引力，也带来了额外的收益。

传统 IP 将在 NFT 世界收获新价值。比如版权市场上有一些真正热爱艺术的消费者，也有很多经营制造业的小型实业客户。传统模式下的版权交易非常烦琐，市场供应失衡，匹配效率低下。而区块链与 NFT 的机制使得版权交易更安全、更便捷，让制造业商家能够以更高效的方式发现和购买他们喜爱的版权，用于生产经营。所以版权市场出现了很多赋能实业的场景。江浙沪地区与广东、福建等地的一些小商品实业商家通过版权交易将价值不高的基础商品变成了文创周边产品。版权交易产生了对实业的赋能，让高质量的中国制造激发了新的消费需求。NFT 让版权交易变得便捷，使文化商品的交易变得更通畅，助力版权赋能实业，形成中国品牌。

NFT 使得传统艺术市场有了互联网化的能力，增加交易频次，扩大市场规模。随着互联网化能力的提升，供应端井喷，需求端与供应端的品牌效率也会进一步提升，释放出增量空间或催生出新的市场。首先，NFT可以加速数字资产化，能够映射虚拟物品，将虚拟物品转化成可交易的数字资产，从而实现内容的价值流转，实现对数字资产的定价和流通，推动了数字资产的繁荣；其次，NFT将资产本身制作成区块链上的代币，这个作品就成为区块链上独一无二的数字资产，再通过去中心化的处理方式，大大加速了IP的流动性；最后，NFT具有唯一性、不可篡改等特性，解决了版权保护的痛点，会给企业的虚拟资产带来巨大的价值。

在资本市场，账面价值与公允价值有时会存在较大的差异，公允价值是某项资产在特定市场环境下的现实价值，而账面价值是某项资产减去备抵科目后的余额。比如一家公司在10年前以200万元购得一处房产，以成本法计入固定资产，若每年折旧10万元，则10年后该处房产的账面价值为100万元，但公允价值为300万元，其公允价值与账面价值相差200万元。资本市场中，很多固定资产、无形资产大多是按照账面价值计入，其公允价值在传统交易中很难被衡量，通常在资产被证券化或交易时才能得到价值重估。而NFT交易机制有助于数字类无形资产的价值重估。

以影视IP为例，影视作品与NFT的结合屡见不鲜。影视作品与NFT的结合较好地解决了元宇宙时代文娱行业技术实力不够的问题，同时也给影视公司在商业模式上的创新提供了一个新的思路。在商业模式上，NFT对影视公司而言，最直接的效益是能够盘活现有的IP资产，让很多老IP焕发新生再次变现。在实务中，一般来说影视公司或视频网站基于版权内容的播出，根据无形资产版权摊销政策对影视剧版权价值予以结转，主要有两种摊销方法，分别是加速摊销法与直线摊销法。

以芒果超媒（旗下有芒果TV视频平台）为例，当影视版权确认为无形资产时，在版权受益期内按以下原则摊销：若受益期确定且大于3年（含），按"532"摊销法摊销（首个12个月内平均摊销无形资产价值的50%，第二个12个月内平均摊销无形资产价值的30%，其余20%在剩余受益期内直线摊销）；若受益期超过2年（含）但小于3年，按"55"摊销法摊销（首个12个月内平均摊销无形资产价值的50%，其余50%在剩余受益期内直线摊销）；若受益期小于2年，在受益期内按月直线摊销。

影视公司或视频平台在选择版权摊销方法时，着眼点在摊销方法在其受益期中对企业财务状况与经营业绩的整体影响。不管采用何种摊销方法，一般来说影视作品的价值主要在第一年或前几年体现，即会贡献较多的收入，之后价值逐年递减，摊销结束后，其并不体现在公司的资产负债表中。但影视 IP 本身并不会消失，在一定的条件下，仍能够贡献收入，比如在 NFT 的加持下，一些老 IP 资产能够被盘活。

2020 年 9 月，数字收藏品平台 Terra Virtua 与著名电影《教父》（*The Godfather*）达成合作，推出基于《教父》电影三部曲的数字收藏品。电影《低俗小说》（*Pulp Fiction*）的数字藏品是由其原始手写剧本分解成的几个标志性场景，在与 SCRT 实验室的合作中，这些从未出现过的场景脚本还附带了昆汀本人解释场景意义的音频，最终以 110 万美元的价格售出。2021 年 10 月，王家卫导演推出的首个电影 NFT 作品《花样年华——一刹那》以 428.4 万港元（约合人民币 350 万元）完成拍卖，这段内容为《花样年华》电影首天拍摄中的未披露剧情片段，仅发行 1 版，时长 1 分 31 秒，记录的是张曼玉与梁朝伟拍摄的第一天，也记录了王家卫导演灵光乍现的一刹那。

NFT 也成为很多著名电影宣发或衍生开发的标配。如《黑客帝国：矩阵重启》（*The Matrix Resurrections*）上映前，制作方华纳兄弟与 Nifty's 合作推出《黑客帝国》（*The Matrix*）系列数字藏品头像盲盒；电影《沙丘》（*Dune*）上映之际，传奇影业公司对外公开拍卖电影系列数字藏品。但目前来看，

NFT虽然有着诸多优势，但更多地还是承载了影视项目的宣传目的，并未成为影视公司的重要盈利来源。长远来看，NFT作用下的影视IP的价值将会被放大，为IP带来无限的成长空间。

总结来说，NFT重塑了数字商品或虚拟资产的流动性，带来了广阔的交易市场，进而推动数字资产的价值重估，预计将广泛应用于数字艺术品、数字收藏品、游戏资产等领域。NFT产业链的核心在于上游的IP资源，对以虚拟资产为主的公司而言，NFT将会明显放大资产负债表中"资产"的量级。

第四节
NFT将带来丰沛的经营性现金流

前文指出，从区块链相关技术的应用层来看，第一层是行业的数字化改造，第二层是区块链的改造，第三层是资产化的改造，最后才是金融化的改造，即资产的证券化，此时的NFT才能充分发挥其作为通证的价值。

2021年，几个NFT作品被卖出高价，促使NFT"出圈"，吸引资金涌入，带来投机潮，海内外众多NFT平台及项目争相涌现。但自2022年3月左右起，NFT开始出现泡沫破裂的迹象。NonFungible数据显示，NFT交易量持续下滑，截至2022年10月，NFT交易量相较2021年最高点时（2021年9—10月）缩水了80%左右。目前收藏品与艺术品占据NFT市场主流，大约70%的成交量由收藏品产生，艺术品占据了高价榜，这体现了目前NFT以收藏与赏玩功能为主，其核心功能尚未得到释放。此外，目前NFT项目生命周期偏短，绝大部分项目交易热度无法维持48小时。分析多个项目的微观交易数据发现，超九成项目跌破发行价格或归零，即使是热门项目的交易活跃度也依赖于宣发渠道与新闻造势。

总结来说，目前NFT市场仍处于发展非常早期的阶段，其核心功能尚未得到释放，且在版权、定价、技术、监管等方面存在较多痛点。从区块链应用的层次来看，目前大家过多地关注NFT的货币金融属性，对NFT的认知也大多停留在数字藏品的范畴内，而忽视了其立足于实体经济、为实体经济服务的价值。

因此，从赋能实体经济的角度看，NFT通过将非流动性资产转化为可交易证券，将现金流引导至借款人并为重大经济发展提供资金，尤其是在数字经济时代，NFT大有可为。

我国一直鼓励虚拟经济为实体经济服务。NFT 未来的重点发展方向，是摆脱单纯的直接售卖与炒作，回归本源，以虚带实，为商品或品牌整体的提升推广与市场增长贡献价值。

以具体案例来看，"区块链 + NFT"与新能源汽车结合有利于中小企业的生存与发展。区块链可以通过物联网（IoT）设备了解车的运作情况，包括其收益状况，将各项数据 NFT 化。NFT 大幅提升了数据资产交易、流转的效率，在加速数字资产化的同时，使资产价值得以更充分地被估算。数字化资产的价值与车运营所产生的收益是呈正相关的。这些数据可以提供给银行，银行基于这些数据测算出融资额度，这样企业就可以通过贷款完成资产的原始积累，从而可以专注于车辆的运营。通过绑定资产，重新计算出真实的资产价值，再基于真实的交易订单，生成一个实实在在的金融额度以获得金融服务。相较于信用额度更高、内控更完善的大企业，这种模式更加适用于中小企业。因为对金融机构来说，下场深入研究每一辆车的真实运营状况的成本是很高的，这也提高了中小企业借贷的难度。通过区块链技术与 NFT，中小企业让金融机构看清了自己资产的真实价值，从而获得普惠的金融服务。

另外，对个体来说，每个人都有大量冗余的数据，但通过区块链与NFT，这些数据能够转化为个人数字资产，成为可交易的资产对象，这样个人数据也许可以持续贡献收入。在Web2.0时代，用户可以自主创建互联网中的内容，但流量入口、数据与利益分配等却被各个互联网巨头公司把控，且隐私与安全问题难以得到保障。而在Web3.0时代，在去中心化机制的运行规则下，数据可以使用但又不可见，这对中小企业甚至是我们个体来说，都具备巨大的价值。

  数字经济时代，新的数据要素市场产生了新的生产资料，生产资料依赖区块链技术解决数据可用不可见的问题，通过NFT的价格发现机制（流通与交易），资产才更容易出售并转化为流动资产，例如现金。NFT背后的技术释放了数字经济中一直未被开发的部分，区块链与Web3.0带来了新的协议，也带来了新的数据作为生产资料的价值分配，价值分配将为中小企业带来丰沛的经营性现金流。

第六章

新 IP 探索的地形图

中国有句老话："兵马未动，粮草先行。"而我想说，在"粮草先行"之前，还需要先研究一下地形图。元宇宙并非大家认知中移动互联网的翻版，它有"陷阱"，有"沟壑"，有"杀手锏"和"硬通货"，这是一场关于认知的"未来战"，本书给出的地形图，更像是"藏宝图"！

为何虚拟人与NFT要放在一起去理解？虚拟人是与人并列存在于元宇宙中的生产力，是并列关系而非敌对关系，人可以顺应这一趋势去运用虚拟人，强化自己作为生产力的能力；NFT是元宇宙的灵魂之所在，赋予数字内容（基本等同于数字资产）以全球流动性，将深刻重塑生产关系。

生产力与生产关系，是元宇宙这个新时空中的底层运行逻辑，任何入局方，无论是B端企业还是C端用户，都不可避免地要参与到新的生产力与生产关系中。看清楚自己周围的环境，才能更明白自己在元宇宙这一新时空中的位置。

第一节
虚拟人与 NFT 的运行背景

现如今多数入局虚拟人与 NFT 的企业，仅仅盯着"虚拟人""NFT"本身，即以常规的焦点思维，基于互联网或移动互联网时代的认知，构建自己的打法。

焦点思维带来的可能是迷途甚至是歧途，原因是互联网或移动互联网时代的认知背景在元宇宙时代会深刻改变，因此在入局虚拟人与 NFT 之前，须深入了解虚拟人与 NFT 的运行背景，即以元宇宙为"新战场"。新战场就需要新的地形图，入局方须人手一份元宇宙时代的地形图，方能"知己知彼"。

一、从"虚拟与现实"到"虚拟现实"

从 PC 互联网时代到移动互联网时代，人作为用户，在网络世界（虚拟世界）中消耗的时长是递增的，但不管递增速度如何，人始终能分清现实物理世界与虚拟世界；人作为用户，在现实物理世界、虚拟世界中来回切换时需要经受时间、空间的双重约束。但元宇宙的真正实现，是以虚拟现实为目标——目前所有的探索，都是以技术路径上如何模糊虚拟与现实之间的边界为内核的各种工程方案的探索（图6-1）。

图6-1　元宇宙只是智能实现的技术路径之一

用户在现实物理世界和虚拟世界中的行为方式均不构成未来在虚拟现实中的行为方式，即过往的行为方式的经验大概率是失效的，因为元宇宙将由2D升至3D乃至更高的感官体验维度。我们认为未来在虚拟现实中，人的很多行为在空间维度上看似逼近现实物理世界，但又可以给时间维度加杠杆。同理，很多行为在时间维度上看似逼近虚拟世界，但又可以给空间维度加杠杆。从另一个角度看，用户在现实物理世界、虚拟世界之间，由切换起来受时空的限制变为双向松绑、自由切换，真正实现了在时空两个维度上同时加杠杆。

虚拟人与 NFT 的应用与运行，不管是为了服务用户，还是让用户去参与，其构建背景中最大的变化便是虚拟现实的真正实现，真正释放用户的时空约束（尤其是虚拟与现实自由切换时），非常考验供给方的想象力。若仅仅将虚拟人的应用架构在移动互联网时代，那么虚拟人一入局即要面临被真正的行业大势淘汰，退一步讲，这也难以满足用户在虚拟现实中真正的需求。NFT 作为一种机制，其对效率、效果的释放空间巨大，绝对不止基于移动互联网当下的内容、交流、交易，故 NFT 的入局，一开始就需要着眼于新世界的大背景。

二、用户在时空场景中的需求——内容、交流、交易

用户在不同计算平台的时空场景中，有本质相同但展现形态各异的三种需求：内容、交流、交易。内容在不同的时空场景中，呈现为网络文学、影视作品、短视频的落座；交流在不同的时空场景中，呈现为聊天室、QQ、MSN、微信的落座；交易在不同的时空场景中，呈现为淘宝、京东、拼多多的落座。

目前来看，用户的这三种需求基本上延续了几千年来人在现实物理世界中的需求，全球不同区域的用户需求在分配

（时间、可支配收入）权重上有一定的差异。换个角度来看，在不同计算平台的时空场景中，凡是有生命力的内容、交流、交易，都是历史上各个文明所特有的内容形态。

内容产业的属性是供给决定需求。重大技术会革新供给端，进而直接革新内容产业。元宇宙作为计算平台，是内容产业当下的重大技术性触发要素。虚拟人与NFT对内容产业的驱动逻辑在于：虚拟人既用于创作内容，也用于将内容变现，重塑内容产业的业务模式与商业模式；NFT是数字资产价值重估的一种新机制，增加了数字资产的流动性，打开了数字资产价值重估的"天花板"，同时是非常灵敏的价格反应机制（反应期权要素的价格变化）。

元宇宙作为计算平台将率先革新内容产业。在元宇宙六大投资版图中，中国目前具备优势的是"内容与场景"和"协同方"这两大板块。内容产业的创作、分发、变现，正是这两大板块的核心地带。

既然如此，在本书给出的地形图上，如果你认为内容、交流、交易可以延续PC互联网、移动互联网时代的特征，或迭代为不同形式但本质一样的内容、交流、交易，那我们能确定的是，至少有一个"巨大的坑"在等着你。

未来的内容、交流、交易将更多由AI来掌控，甚至很多内容、交流、交易本质上就是AI，如2022年突然流行的小游戏——《羊了个羊》，本质上就是AI。如果由AI掌控成为大势所趋，那么虚拟人的运行必须架构在这样的趋势上，NFT若要成功运行则更需要适配AI的逻辑。

对用户而言，内容让用户体验到"我试听故我在"，交流让用户体验到"我交换与流通情感故我在"，交易让用户体验到"我买故我在"。基于上述的满足感，供给怎样的内容、交流、交易，非常考验供给方的创作、创造、创新能力。

除此之外，我们特别想强调的是，用户将把自己在内容、交流、交易上的主动权让渡出去，即用户对时长与收入的支配看似主动但实质上将越来越被动。这才是我们想提醒用户最需要警觉的地方——在AI驱动下，用户的理解能力退化，语言表达贫瘠化，作为用户的人终须直面熵增！从对冲熵增的角度看，人的创造力、创作及其显现将成为元宇宙时代的一种"救赎方式"。

三、C端用户——人、人的数字人、虚拟数字人、机器人

在地形图上，最有意思、最大的变量，是用户本身。在

现实物理世界、PC互联网时代、移动互联网时代，用户均是单一的人本身，但在元宇宙时代最大的变化，就是用户的种类倍增。单一的人作为用户，就只有人与人之间的交互，但若用户种类增加，那交互种类就会倍增。

元宇宙时代的用户，目前来看，至少包括人（人的化身）、人的数字人、虚拟数字人（现实物理世界中不存在的）、机器人（机器人的化身）。其中机器人存在于现实物理世界中，但大概率也会有其数字化身存在于元宇宙中。虚拟人的运行，到底定位于哪一种数字人？NFT的运行，到底服务于谁的创作、创造、创新？这是元宇宙时代的内容、应用、场景、模式变数巨大的根源所在。

虚拟现实只是地形图上最大的背景变化，内容、交流、交易的AI化是地形图上的"陷阱"，C端用户至少将扩展至4类（进而将有至少6种交互），形成地形图上的"沟壑"。

四、供给方满足用户的需求＋人对抗熵增的需求→创造力

了解了地形图上的背景、"陷阱"、"沟壑"之后，人的"撒手锏""硬通货"——创造力已呼之欲出，这既是供给方满足

用户需求的"撒手锏",又是人对抗熵增的"硬通货"。

创造是一种表达,表达必然伴随着显现于世的需求,在 NFT 的加持下,创造与显现或将是人在元宇宙时代真正的"硬通货"。

五、从创作与显现的角度反观人的身、心、意

自《元宇宙大投资》开始,我们就在思考,在元宇宙时代,人的身体在久远的未来是否会成为一种多余的存在。《新硬件主义》则让我们深刻认知到,从垂类硬件显现于现实物理世界的中期来看,人需要格外保护自己的身体健康、机能。本书我们则进一步指出,从创作与显现的角度看,人的身体至关重要——"心"+"意"的表达将由"身"来交付("心"是创造力的源泉,"意"则关乎创造的通畅性、创造方式)。

六、虚拟人是一种新的生产力,NFT 重构生产关系

本质上,虚拟人是一种新的生产力(区别于生产要素),NFT 在重构新型生产关系。

虚拟人是从现实物理世界到虚拟世界的新一轮映射。移动

互联网将视觉、听觉、部分社交关系映射进虚拟人，元宇宙则会增加虚拟人的更多机能。相较于 QQ 头像、微博头像，虚拟人的生成机制不同（CG、3D 建模），驱动方式也不同（平面展示、AI 驱动）。虚拟人的背后是新的生产力，革新了"轻资产"公司的资产负债表，大幅优化利润表。"轻资产"公司对"轻资产"的收购或经营，是资产负债表中的商誉或应付账款，数字人则真正成为公司的"重资产"；数字人要么降成本，要么降费用，有助于提升净利率或毛利率。当下虚拟人只是入门级的发展，未来会走向智能化；虚拟数字人未来也有望配备现实的机器人。

NFT 是一种机制，用以重塑生产关系。它将数字内容"质变"为数字资产，它赋予数字内容的流动性是一种"平权"，既可以重估价值，又可以灵敏地反映数字内容里期权要素的价格变化。在过往的生产关系中，时间和躯体是一个人主要的生产要素；在未来的生产关系中，创意和时间将成为生产要素，以此构建新型生产关系。

七、虚拟人、NFT 在财务报表上的意义、打法

除虚拟人与 NFT 的定义、意义，我们特别强调了其在财务报表上的意义，入局方具体的打法可以百花齐放，但万变

不离其宗——推动元宇宙时代的 IP 孵化与商业化，即全新背景下的 IP 孵化与商业化。

在新背景下，虚拟人与 NFT 将孕育新一轮的 IP 孵化与商业化。虚拟人的赋能作用也好，IP 价值也罢，均需要更多交互对象的认同；NFT 作为一种机制，更多是放大"确切的作品"的价值。两者的共同作用，指向了新一轮的 IP 孵化与商业化——元宇宙这一新时空场景的新 IP 及其商业价值实现。

第二节
虚拟人的两大应用方向：赋能、IP 孵化

从供需的角度看，虚拟人有赋能、IP 孵化两种应用方向。企业等入局方需要以虚拟人去迭代过往业务（赋能）、开拓新的业务（IP 孵化），用户则需要虚拟人来实现自身在虚拟现实中的分身（IP 孵化）与化身（赋能）。

赋能与 IP 孵化对需求方而言，区别在于定位。赋能是指在以元宇宙这一计算平台为"新大陆"的升级迭代方向上，应用虚拟人去探索新业务、升级现有业务，将成为一种标配。

IP 孵化则是在面向"新大陆"的新起点上，入局方（企业、个人等）关于建立影响力的探索。

一、赋能：将会成为企业升级的"标配"

企业或个人在 PC/ 移动互联网时代的身份表现较为粗糙——网页/公众号、头像。元宇宙作为感官体验更丰富的时空，企业与个人在其中的身份表现将不再是简单的展示，更多将回归现实物理世界的交互场景。比如我们进入一家企业参观时，总有前台或相关工作人员接待，我们与其他用户在现实物理世界中交流时会握手、寒暄等。下面以经典的现实物理世界的接待场景为例，为元宇宙中的交互场景提供借鉴和经验。

（一）基本流程

1. 接待前

确定来访人员人数、姓名、性别、级别、来访时间、行程、来访主要内容以及具体要求。一般情况下，对方会发来邮件或传真，接待方必须认真核实以上内容，并根据来访人数确定1—2名具体联络人，以便及时沟通联系。

根据来访规模，召集后勤、具体业务、公安交通、信访稳定、参观点等部门负责人，安排具体事务，以便明确职责，分工负责。

2. 接待中

安排人员及领导到交接处迎接。要提前 10 分钟到达交接处，以示尊重。引导车要做好引导工作，到达参观点后要及时调度车队停放。

联络人员每到一个参观点前就要和下一个参观点的负责人联系，做好大门开放工作。在参观过程中，要注意摄像、照相保存资料。参观过程的临时休息地点要做好各项接待工作，如准备好水、水果、湿巾，做好卫生间保洁等。

3. 接待后

礼送客人至交接处，做好接待总结工作，做好酒店食宿费用结报工作。

（二）基本礼仪

1. 仪容仪表礼仪

头发干净整齐、长短适当，发型简单大方。保持面部清洁，男性剃须，女性妆面朴实无华。保持双唇和牙齿的干净，消除口腔中的异味。

2.介绍礼仪

自我介绍。先递名片再介绍，内容要全面，包括单位、部门、职务、姓名。在普通场合，介绍人应由秘书、陪同人员、接待人员等专业人士或与双方均熟悉之人担任。在重要场合介绍贵宾时，介绍人则必须由在场之人中地位最高者担任。介绍他人之前应征得双方的同意，尤其要了解地位较高一方有无此种意图。

3.握手礼仪

握手是在相见、离别、恭贺或致谢时相互表示情谊、致意的一种礼节，双方往往是先打招呼，后握手致意。

（三）扩展资料——其他注意事项

（1）对各参观点及路线事先进行踩点，做到路线畅通、参观点准备充分。

（2）在接待前，要注意获取各部门接待负责人的联系电话，以便及时联系。

（3）要事先通知车辆驾驶员何时、何地待命。

（4）讲解人员要做好充分准备，包括音响设备的事先调试等。

（5）通知新闻媒体做好新闻报道工作。

上述接待的基本流程、基本礼仪等在元宇宙时代的3D虚拟现实世界中有望全面回归，但全面回归并非简单的镜像映射，而是基于元宇宙实况的重塑，表现形式、流程顺序或许有异，但借此希望表达出来的周到、翔实、悉心、规范、得体的含义，是一样的。

以上只是极微小的一个案例。元宇宙是由 2D 升维成 3D 的沉浸式、交互式的虚拟现实，B 端的内容 / 产品（实物或非实物）生产或分发、B 端与上下游产业链之间的交流、B 端与分发 / 流通环节的交易，C 端用户映射进元宇宙中的身份、C 端用户的交流与交易，均需要从基础设施、交互方式、流程、交易方式等方面全面重塑。

从升级迭代的角度看，当下移动互联网所介入现实物理世界中的部分，需要全部重新"被定义"，如购物 App 现在是图文界面，而在 3D 沉浸式与交互式的虚拟现实中，购物场景商品展示的方式需要重新被定义；当下移动互联网未曾介入的现实物理世界的剩余部分，预计也将有一定的比例进入元宇宙的虚拟世界中。

二、IP 孵化："明星"养成记

IP 本质上是影响力，基于辨识度或专业度而获得一定范围的认同，如果说"赋能"是虚拟人之于企业或个人用户的标配，IP 则是元宇宙赋予当下的新红利，即当下所有的用户，不管是企业还是个人，均在同一起跑线上去重塑自己的 IP 形象。这样的红利堪比移动互联网时代用户数量持续攀升、每用户平均收入（ARPU）持续提升的流量红利。元宇宙时代的"明星"养成，即在新起点上重新抢夺用户关注度的过程。

随着 3D、NLP、AI 等各项技术的成熟，预计虚拟人的制作成本及制作门槛将显著下降，且制作周期将明显缩短。因此我们认为，从长期来看，制作成本及制作周期并不是限制虚拟人 IP 发展的因素，如何对虚拟人进行包装，使其能够被消费者广泛认知，并围绕其打造出 IP 生态，将是整个产业链上更具有挑战性的环节。这类似于现在偶像的打造过程，所以梳理偶像产业变迁会对虚拟人的"明星"养成带来一定的借鉴意义。

新中国成立以来，随着时代背景的变迁，中国的偶像代表人物也发生了明显的变化。

20 世纪五六十年代，新中国百废待兴，国民经济的重心放在了恢复生产上，无私奉献、不怕牺牲的浪漫英雄主义精神成为时代主旋律，雷锋、焦裕禄、"铁人"王进喜等英雄模范成为时代的精神标杆，引发了全民的关注与学习。

改革开放后,大众物质与文化生活逐渐丰富,娱乐偶像开始崛起。1978年国内引入日本电影《追捕》,主演高仓健迅速风靡全国成为大众偶像。后来香港地区的影视剧、歌曲风靡内地,弥补了内地娱乐精神需求与流行文化的空白,引领了很长一段时间的娱乐风潮,并且成就了一批天王巨星。这一时代的偶像都有被国民广泛认知的代表作品,在演艺与唱作领域具有较高的专业技能。

20世纪90年代开始,偶像团体开始兴起。"小虎队"是国内第一个走红的少年偶像团体,其原型是来自日本杰尼斯的"少年队",在20世纪90年代风靡中国及海内外华人区。2001年《流星花园》引爆亚洲,剧中的四位男主角组成男子偶像团体F4,成为当时最有影响力的男团。这一时期以青春靓丽为特色的颜值偶像开始逐渐产生巨大的号召力,成为演艺圈重要的一个明星类型。

进入21世纪后,经济发展带来了物质文化与精神生活的极大丰富,平民偶像与流量明星成为主流。2005年《超级女声》带动了大众选秀的全国狂欢,此后《加油好男儿》《中国好声音》等一系列大众选秀节目为普通人提供了展示自己的舞台以及一跃成名的机会。国内外偶像团体的爆火推动了粉丝经济的出现,网络综艺及影视剧的爆火也造就了许多明星,国内造星的渠道也变得多元，偶像更迭速度变得越来越快。

可见，国民偶像的出现有其特定的时代背景，在中国不同的时代背景下，偶像经历了从英雄模范到娱乐偶像的变化。而在娱乐偶像中，又经历了从作品型偶像、颜值型偶像到现在的流量明星的变化。偶像的出现逐渐演变成为娱乐工业化时代下的产物，颜值、性格特点等都可能成为圈粉的手段，打造偶像 IP 最终的聚焦点在于如何找到偶像特点并将其放大。

在全球范围内，日本、韩国等国家及地区的文娱产业较为发达，并且形成了高度成熟化的造星机制，主要分为选秀、培养、出道三个过程。经纪公司通过这种造星模式与艺人形成深度绑定，在后续的演出等商务活动中获得更大的利润分成。

以下简单分析一下日本、韩国、中国的不同造星模式，以此剖析其中对虚拟人偶像"养成"的借鉴经验。

日本的造星模式为偶像养成模式。日本偶像历史已经发展了约 50 年，1971 年开播的《Star 诞生》是日本历史上第一个成熟的选秀节目，不仅打造出了娱乐业巨头——渡边事务所，也在不经意间开创了日本偶像的历史。发展至今，日本早已经拥有亚洲最为成熟的一套造星体系。在过往的发展过程中，日本偶像娱乐产业中有非常典型的两种偶像养成模式，一种是以AKB48所在的AKS公司为代表的女性偶像养成模式，另一种是以杰尼斯事务所为代表的男性偶像养成模式。AKB48的培训模式是围绕"竞争"展开的，除了构成剧场公演基础的Team（分队）制度之外，还存在演唱单曲主打曲目的"选拔成员"制度，最典型的是AKB48总选举制度。杰尼斯事务所对偶像的养成有非常严格的体系，从选拔、训练到形象、经纪，每一步都需要遵从严格的管理要求。

韩国的造星模式为偶像工业流水线模式。韩国有三大著名的经纪工厂，分别是SM、YG、JYP三大经纪公司，其中尤以SM娱乐的造星能力最为出名。SM作为韩国最大的娱乐公司，捧红的艺人几乎在韩国家喻户晓，对韩流文化在亚洲乃至全球发挥影响力起到了重要作用。SM娱乐的艺人打造过程大体可以分为"选拔、培训、出道、推广、商业化"几个环节，具有一套成熟的标准化流程，在每个环节都有专门的团队负责，犹如在打造一个精良的产品一般，因此往往一经推出就能够迅速走红，成功率极高。

总体来看，日本的偶像产业模式与韩国较为类似，整体上分为"选拔、培训、出道"三个关键环节，但也存在一些明显的不同：日本的偶像工业更强调"养成"属性，比如在AKB48选举模式下，由观众决定单曲的C位艺人；在杰尼斯的带教模式下，未出道的实习生可以作为演艺职员参与前辈的节目，在出道前就有一定程度的曝光度与粉丝积累，同时也为公司节省演出成本。韩国更偏向于工业化产品"交付"模式，大多数练习生出道后才能有较多的曝光机会，相较于日本的模式，观众更晚参与到偶像的成长过程中。

中国则是借鉴日本、韩国的模式逐步形成基于本土互联网的特色模式。中国的偶像产业起步相对较晚，仍在逐步形成自我特色的过程中。2005年湖南卫视在举办《超级女声》比赛过程中加入了短信投票环节，在全国范围内掀起了极大的轰动。在总决赛投票环节中，观众一共投出约900万票，李宇春以350多万票夺冠，从一个成都音乐学院的学生一跃成为家喻户晓的明星，并在当年登上了《时代》周刊封面。《超级女声》引起的全民热潮被行业内普遍认为是第一次将中国内地娱乐带入了"造星时代"。考虑到文化的地域相近性，中国的偶像养成模式在后续发展过程中很大程度上借鉴了日韩的经验，其中丝芭传媒、时代峰峻、乐华娱乐是非常典型的借鉴日韩模式的艺人经纪公司，目前发展得也较为成熟。

近年来中国的造星模式在借鉴日本、韩国模式基础上不断衍生出新的模式，逐渐形成基于本土互联网生态的偶像打造体系，从单一偶像经纪运营到偶像培养、粉丝运营与电影、电视剧、综艺、音乐全产业链布局的产业生态。目前中国节目形式变得更加多元,说唱、街舞、脱口秀等节目都成为造星的新渠道,在播出的过程中造就了一批新的偶像与明星。在社交媒体时代,短视频、直播等方式也造就了一批素人明星,彰显了互联网造星的魅力。

新偶像爆火之后,经纪公司通过音乐、电视剧、综艺、广告代言等方式快速增加艺人曝光机会,同时能够挖掘艺人在不同领域的商业化价值,逐步将艺人身份及形象沉淀为商业化IP。根据艺恩娱乐数据,2017—2020年由选秀网络综艺延伸出来的衍生节目与偶像团体综艺共计70档,由网络综艺到衍生节目,由选秀偶像到团体综艺,网综与偶像互补共赢,不断延伸网综偶像价值链(表6-1)。

表6-1 中国、日本、韩国偶像产业模式对比

国家	选拔	培训	出道	运营推广
日本	·投递简历 ·招募	·唱、跳、主持全方位培训 ·AKB48"竞争"模式	·公演 ·总选举制度(AKB48)	·团队裂变(小分队) ·艺人差异化定位 ·着重专业化方向培训
韩国	·选拔大赛 ·街头挖掘 ·邮件申请	·每周内部选拔 ·针对个人选择目标市场与路线,针对性培训	·发布出道预告片 ·安排出道舞台演出 ·设定专辑主题	·音乐节目、电台节目打歌 ·打造专属团队综艺 ·家族式营销,互相引流

续表

国家	选拔	培训	出道	运营推广
中国	·平民选秀 ·公开招募 ·学院出身	·练习生模式 ·SNH48 公演模式 ·院校培养	·综艺节目选秀 ·影视剧出道	·跨界参与活动 ·综艺节目曝光 ·代言人

透过上述对日本、韩国、中国偶像模式的介绍，我们认为虚拟人在孵化 IP 的过程中，可以重点借鉴各国偶像产业在打造人设、营销推广两个环节的经验。

在打造人设方面，一种思路是借鉴日本 AKB48 的模式，观众及粉丝在参与偶像养成与培训过程中，通过投票、互动等方式发掘偶像的闪光特质，从而形成特色鲜明的人设定位，使其持续获得相应的观众认可。因此在打造虚拟人形象时，可以多征集目标受众的意见，甚至可以选择几位有代表性的行业关键意见领袖（KOL）参与到虚拟人形象的研发过程中，以提高成功率。另一种思路则是借鉴韩国 SM 娱乐的模式，由所属娱乐公司输出官方专业人设，在后续的作品中围绕角色进行延展或者包装出相应的故事线，实现对艺人人物特征的放大，不断提升粉丝对艺人的喜爱度，从而持续提高粉丝黏性。这种模式对虚拟人所属公司的运营能力具有较高的要求，需要公司有设定故事的能力。

在营销推广方面，我们特别强调关注不同虚拟人形象的引流作用。如一方面参考杰尼斯事务所的带教模式，在不同代际的虚拟人形象间加强合作，能够增加新打造的虚拟人形象的曝光度，保证虚拟人背后所承载的营销内容具有持续性；另一方面可以重点借鉴韩国 SM Town 的模式，在筹办节目时以"家族"为卖点，不仅可以实现不同虚拟人所覆盖粉丝间的引流，同时还有望重点输出"家族"背后所代表的品牌内核，提高粉丝对虚拟人背后品牌的认知，更有利于品牌自身的商业化。

此外，参考国内新生代偶像的变现模式，虚拟人偶像也可以尝试在不同的节目类型中进行多元探索，在寻找更匹配的角色定位的同时，也能拓宽商业化变现路径。

元宇宙时代的"明星"如何养成？以当下的明星打造为参考，主要有三个维度：（1）平均魅力值（外形＋气质＋辨识度＋观众缘＋人格/人设）；（2）业务能力；（3）作品（优质度＋资源匹配度）。其中，平均魅力值可以借助宣传及资源方面的匹配，但业务能力需要扎实的功底，作品则需要资源加持及"天时"。

历经时间洗礼的老牌明星，业务能力强，作品多，更重要的是个人人格支撑下的 IP 粉丝忠诚度很高。从三个维度之间的连带关系来看,强业务能力或高魅力值都更容易引来优质的资源与作品,但明星要在多年内持续输出高品质或高国民度的作品,才能奠定"咖位",如果作品不多,那就需要作品质量极高。其中,"确切的作品"仍然最为重要,作品少也代表着业务能力没有得到证明及巩固;相反,"咖位"均是由作品或热门综艺带来的话题度所奠定的。此外,即使业务能力突出、"确切的作品"也多,但仍有"咖位上不去"的概率,原因可能是艺人的辨识度低、特色感弱、人设不清晰、作品风格与人设不匹配等。

相较于明星,网红是直播时代崛起的众多有流量和影响力的人,如微博大 V、B 站 UP 主等。相较于明星养成的三个维度,网红养成的难度系数较低,如 YouTube 上的网红凯西·奈斯泰德(Casey Neistat)所说的:"你只需要一直坚持下去,频繁产出就行了!"靠持续地产出"确切的作品",凯西把视频日志(vlog)做到了极致,每天都会上传一个 8—10 分钟的视频,记录一天的生活。初期他在频道上陆续发布了很多短片,拍摄风格都非常类似,拐点出现在一个偶然的作品——短片《自行车道》,讲述了凯西因为没有在自行车道上骑行,被警察罚款 50 美金,随后凯西拍摄了他严格遵守交通规则,只在自行车道上骑车,但是由于各种杂物堆积在自行车道上，凯西一次又一次撞上那些杂物，然后摔得人仰马翻。这个视频被《时代》杂志评为2011年"十大最具创意视频"第八名。

此后凯西正式开始拍摄《每日记录》（*Daily Vlog*），因为工作原因他经常全世界各地跑，这种独特的经历吸引了很多观众；而且凯西是一个非常勤奋的人，他每天早上五点左右起床，编辑前一天的视频，早上八点半准时上传，然后去跑步，之后去工作室工作到下午六点。在他的视频中，观众可以看到他每一分每一秒都在做事情。《自行车道》的爆火是偶然的，《每日记录》则塑造了凯西的辨识度，体现了他的专业、忙碌与勤奋。

第三节
入局方存在的误区

若意识不到虚拟人背后的大背景，未思考清楚我们给出的"路线图"，虚拟人的入局方很可能会将虚拟人当成一笔营销方面的费用开支而非"资产"。

从营销方式的角度看,品牌主的虚拟人兼具科技与时尚属性,但其投入本质上是一笔营销方面的费用开支,比如东风标致推出的"小狮妹 Léa"、奇瑞发布会上的"元宇宙少女阿喜"、百度旗下智能汽车品牌集度的数字人车主"希加加"、上汽名爵 MG 原创的虚拟代言人"MG ONE 机电潮人"、雅阁的虚拟车主"Cora"、长安汽车首位数字员工"宫"、腾讯为上汽大众凌渡 L 打造的虚拟形象"凌"。

将虚拟人作为资产而非一笔费用,核心在于虚拟人的业务能否在一开始就产生一个可以长线运营的整体思路,先利用当下的资源禀赋与投入去打造 IP,再通过持续、长线经营(以活动或作品等方式)反哺 IP 影响力,进而向外拓展,以 IP 的辨识度、专业度去覆盖更多用户群体。如汽车之家正式签约虚拟数字人 IP"宫玖羽"担任"汽车之家特邀 AI 体验官",这与上述车企的营销方式类似,但依托超写实虚拟人全流程实时渲染技术,"宫玖羽"不仅以贴近真实的"机车女神"形象与用户建立了鲜明的情感联系,而且更能完美支持虚拟直播、VR/AR 发布会等线上、线下实时互动场景。后续"她"以虚拟主持人形象出现在了汽车之家独家冠名的主题晚会上,未来还将与科幻作家刘慈欣、奥运冠军徐梦桃等展开一系列跨界合作。

第四节
NFT 将成为所有人和企业的标配业务

NFT 作为一种机制,在元宇宙中将助力于新型生产关系的构建。NFT 不只是数字藏品,也不只是消费范畴内的投射,它是一种人人都被赋予的"权利",更重要的作用是加持创作者的"确切的作品"。

NFT 在构建新的生产关系方面,首先可以颠覆过往"供给决定需求"的故事模式,达成"需求决定供给"的故事模式。

PC 互联网、移动互联网时代的故事模式均是"供给决定需求",如电影院在春节档放映什么影片,观众只能在其中选择,也就是说观众观看的是已拍摄好、通过审核且正好在附近院线上映的影片;再比如玩某款游戏,虽然用户在游戏一开始选择的角色不同,但游戏内容都是提前设计好的。

何谓"需求决定供给"的故事模式?即用户作为需求方参与到故事世界的构建中去,但这又不同于"剧本杀"——

剧本已定，无非是不同的人来进行角色扮演；而是真正地去构建一个故事，包括人物、情节、大背景、节奏等诸多细节，体现出用户更多的贡献与互动。NFT在其中可发挥作用的方式有很多，如NFT持有人将能够对其中一些故事进行投票及共同创作；或者改变模式，用户可以观看免费的小说，但创作者以NFT的形式销售故事中的数字商品；或者允许NFT持有者在其持有的NFT后面添加一个角色，将该角色的故事嵌入NFT中，类似于《幻城》中的梦境；又或者根据NFT的溯源性，通过购买某个作品中的某个道具，以道具为创作对象衍生新的故事，再将衍生故事植入原有故事的大背景中，作为前传、后传或衍生作品。NFT的属性决定了它可以介入相关作品的内容创作、项目投资、所有权的转让。

再以艺术品拍卖为例。传统艺术品大部分都是实体艺术作品，通过传统货币进行交易，但区块链艺术品的拍卖一般发生在币圈内，无实物，通过虚拟币交易。在现实物理世界的艺术品交易市场，艺术家创作的作品原件具有确定性与唯一性，作品销售出去之后，它的流转与艺术家本人脱离，它的价值在画廊、艺术媒体、美术馆、藏家的共同作用下被抬升。而虚拟世界的NFT市场，从以数字媒介创作的艺术作品开始，交易的是由艺术家签名的原版作品代码（即一个

NFT），作品依然有可能被免费复制及传播，因此其NFT的价值（如果市场认为它有价值的话）不再基于作品本身的稀缺性，而是基于藏家能够证明他是唯一真正持有艺术家签名的原版拥有者，并且人们可以追溯该作品的所有交易记录，来证明作品权益的流通及归属。至于作品的好坏及价值标准，依然需要行业及市场机制来决定。

NFT对艺术生态的颠覆性来源于证明数字作品的稀缺性（大多基于以太坊区块链）、追溯交易记录及实现分权，同时不设立任何准入门槛，即所有人都可以创作数字艺术并铸造NFT，因此从本质上推动了一种艺术生产方式及生产关系的变革。在传统艺术品行业，买家购买作品后，便拥有了其所有权、展览权、销售权，甚至是版权（有时版权归艺术品保留）。而作品生成NFT后，所有这些权益都需要被重新定义，拥有NFT的数字艺术藏家，可能拥有的只是作为艺术品支持者的名誉权与交易权，而其他权利都需要由艺术家、藏家、市场及行业来重新细化并分配。

相较于虚拟人"生产力"的作用，NFT的效用弹性会极为突出。虚拟人偏运营，运营是养成的逻辑，且"天时""地利""人和"均须具备；NFT直接释放重估效应或重塑生产关系（释放出巨大的生产力），弹性更大。在现实物理世界中，

"确切的作品"可能只具备部分功能,但 NFT 可以扩展"确切的作品"的功能范围,"NFT = 文化 + 美学 + 社区 + 资产 + 实用"[①]。NFT 与金融结合,即 NFTfi(NFT + DeFi)。

总结来说,从早期的 NFT 与艺术品、游戏的结合来看,NFT 打破了传统的艺术品收藏方式,也带来了"边玩边赚"(play to earn)[②]的游戏新玩法,为行业带来了新的增长动力。至今,NFT 已经与越来越多的领域相结合,释放出新的价值,如社交、营销、体育等领域也纷纷推出 NFT,仿佛"万物皆可 NFT"。NFT 可锚定从现实世界到虚拟世界的物体,这个物体可以是有形的,也可以是无形的。随着相关技术的成熟以及数字化的加速,NFT 将会成为未来数字经济中最重要的组成部分,也会和越来越多的行业融合,并逐渐成为行业突破革新的新方向。NFT 也会是元宇宙建造过程中的重要底层设施之一。

[①] 0xPrismatic,Delphi Digital 研究员. 读懂 NFT 估值框架 CACAU:从文化、美学、社区、资产和实用性切入[Z/OL].(2022-01-20). https://baijiahao.baidu.com/s?id=1722461016820756196&wfr=spider&for=pc.
[②] 边玩边赚,是近几年随着区块链生态逐渐兴起的一种新的游戏模式,这种全新的游戏类型采用了加密资产和 NFT,为玩家保障游戏内货币和物品的所有权。而 NFT 则直接连通了游戏之外的数字经济,并在真实世界中实现价值。

第七章

虚拟人与 NFT 的交叉：
新一轮的 IP 孵化与商业化

过往一轮（2010—2019年）的IP孵化与商业化，主体单一、链条过长，导致变现效率低，进而拖累了整个IP产业链的良性发展。IP产业作为孵化成功IP的土壤，整体上很"贫瘠"。

新一轮的IP孵化与商业化中，首先，IP的创作者增加了三类，即由单一类的创作者增加至四类创作者，基于创作者的创作与显现，各类作品将加速涌现；其次，IP的商业化有了NFT的加持，链条明显缩短，虽然门槛有提高但变现效率明显提升，变现效率提升是一种正反馈机制，滋养了整个IP产业链，形成"肥沃"的孵化土壤。比如，NFT加持下的某个虚拟数字人的绘画作品，其先天的流动性赋予这一绘画作品在全球范围内有更多被"看到"的机会，因此能有更大的概率触碰到买家，从而达成交易，完成商业化的闭环。

举例来说，过往的 IP 产业链是极为经典的"漏斗机制"，只有集齐了"天时""地利""人和"的大 IP 才有望成功，甚至是局部性成功，比如大众耳熟能详的"封神 IP"，其 IP 在商业化过程中，无论是转化为电视剧作品、电影作品还是游戏作品，均需要漫长的制作环节、发行环节，且面临极大的创作或发行失败的风险。在新 IP 中，近十年来能成功孵化的 IP，凤毛麟角，后续的商业化成功概率亦偏低，因此难以以正反馈的方式滋养 IP 本身。如果将 IP 视为无形资产，旧的 IP 孵化与商业化难以让这一无形资产保值、增值，特别容易走向"价值毁灭"。

商业化的闭环只是新一轮 IP 孵化与商业化形成"沃土"的原因之一；商业化的闭环对创作者有极大的正反馈作用，能滋养普通创作者走得更远，这是原因之二；流量时代爆款频出，但爆款的创作者能快速"接住"流量热度，缩短商业化链条，达成更高的成功概率，这是原因之三。

因此，在新背景下，虚拟人与 NFT 将孕育新一轮的 IP 孵化与商业化。虚拟人的赋能作用也好，IP 价值也罢，均需要更多交互对象的认同；NFT 作为一种机制，更多是放大"确切的作品"的价值。两者的共同作用，指向了新一轮的 IP 孵化与商业化——元宇宙这一新时空场景的新 IP 及其商业价值变现。

虚拟人与 NFT 的交集，将开启新一轮的 IP 孵化与商业化，这一轮的逻辑变化更大。

IP 孵化方面，上一轮是版权形式的转换，这一轮是自有 IP 孵化。上一轮的 IP 是资产负债表中的"应付账款"，这一轮的 IP 是资产负债表中的"资产"。IP 由"高高在上"的"媒体逻辑"走向"平权"的"社交逻辑"。IP 两极分化会更明显，世界范围内有庞大世界观的 IP、细分领域有影响力或辨识度的 IP 会更突出。IP 的影响力必须被呈现得更加表象化、具象化（采用视频等更高级的表现形态）。

IP 商业化方面，虚拟人与 NFT 将作为技术与机制参与加持。与上一轮相比，此轮商业化链条更短（NFT），变现效率更高（虚拟人），但竞争会更激烈。

IP 孵化与商业化的命门是"确切的作品"。"确切的作品"能反哺影响力与辨识度，但作品的形态须是迭代且升级的——沉浸式、交互式、更多感官体验维度、丰富经济体系等。

需要特别注意，这一轮的 IP 孵化与商业化服务于人、人的数字人、虚拟数字人和机器人。从这个角度来看，近期爆火的"AI作画"中作画的AI可以是人的数字人、虚拟数字人、机器人，这是典型的创作者种类增加后的繁荣呈现。

第一节
IP孵化：专业度、辨识度、局部影响力

从NFT加持IP商业化的视角看，这一轮的IP孵化需要具有专业度、辨识度和局部影响力。

新IP的孵化，不管是哪种用户去打造IP，门槛都会提高（需要视频等更高阶的内容形式，且要更符合算法的需求），竞争都会更激烈（用户种类增加，算法驱动的竞争会更残酷）。

相较于图文形式，视频形式的创作成本明显提升。首先，时间成本提高，在流程上，除了思考主题、拍照、修图、构思文案，视频创作还要录制、剪辑，甚至反复录制多次，这些都是比较消耗时间的。其次，硬件成本也在提高，虽然手机可以替代专业拍摄硬件去制作低配版视频，但随着竞争越来越激烈，对细节处理的要求更高，手机便难以满足。专业的拍摄硬件包括相机或摄像机（3 000—6 000元）、补光

灯（100—300元）、三角支架（100—3 000元）、收声设备（1 000—2 000元）等。

"确切的作品"需要迭代形式、契合算法。

在迭代形式方面，图文创作者向视频领域迁移转型正在成为普遍现象，但在元宇宙这一虚拟现实的网络世界中，未来的内容形态一方面是3D沉浸式的，另一方面会增加互动性甚至是用户的主观能动性，未来创作者必然要从2D视频进一步迁移至元宇宙的新内容形式。

在契合算法方面，一个具有创造力的生成艺术家，其天赋是创造世界需要的精彩作品，虽然分工并不一定符合商业化，但创作仍然需要照顾"商业化"合作伙伴的潜在偏好，如抖音推荐上热门的核心算法。

·基础流量：大爆发阶段100万推荐量

基础流量分为三个阶段：第一个阶段是冷启动阶段，抖音会给作品300—1 000人的推荐量；第二个阶段是小爆发阶段，有1万—10万人的推荐量；第三个阶段是大爆发阶段，会有100万人的推荐量。

·叠加推荐：综合权重进行下一轮推荐

综合权重的关键指标有完播率、点赞量、评论量与转发量等，且每个梯级的权重各有差异，当达到了一定量级时，则执行大数据算法与人工运营相结合的推荐机制。

· 时间效应:"爆火"需要时间

有的视频刚开始并不"火",但过了一段时间就突然"火"了。这就是推荐算法的独特之处。抖音为了避免优质的内容被埋没,只要有人给作品点赞、评论或者转发,它就会重新把作品"挖"出来进行推荐。

创作者在创作过程中需要考虑基础流量的"启动",要引导观众进行留言、点赞等互动——在视频结尾处让大家点关注,在视频文案里通过提问或给用户惊喜的方式引导互动并提高完播率,或者设置虚拟或实物奖励,给留言、点赞最多的用户送一份小礼品。

此外,创作者还应该考虑作品的用户或交易对手方。首先,与用户或最终买家互动并建立一个积极的社区,而不是完全"为我的艺术工作";其次,通过发放会员资格、授权提前访问新作品等增加拥有艺术品的效用。

创作者还需要复盘数据。首先,分析自己的视频互动数据,包含视频播放量、点赞量、评论量、转发量等。其次,分析同行视频数据,主要是分析同行的基础信息,比如头像、昵称、签名、作品的更新频次、最火的作品、创作思路、封面标题等,做到"知己知彼"。最后,分析热门视频的数据,想要拍出热门视频，就要经常关注热门视频，因为用户的喜好变化非常快，而热门就代表了用户当下的喜好与内容走向。不仅要多看，还要拆解每一个作品爆火背后的原因，这样就会逐渐形成自己的方法论与"网感"。

基于上述判断，相较于 PC 互联网、移动互联网时代，未来超级天王、巨星般的新 IP 将更难出现，因为随着观众细分领域的划分，很难再出现超一线的作品，明星与作品之间互相赋能才能产生琴瑟和鸣的效果；但会出现基于专业度、辨识度、局部影响力的各类 IP；同时，新 IP 昙花一现的概率会大幅提高。

第二节
新一轮 IP 将彻底区别于过往的"好莱坞 IP"

过往一轮的 IP 孵化与商业化，是好莱坞模式在中国移动互联网时代的落地；新一轮的 IP 孵化与商业化将彻底区别于好莱坞模式。

好莱坞的 IP 孵化是打造全球各大群体都喜欢的 IP，元宇宙的IP孵化是打造基于特定群体认同的分布式IP。好莱坞的IP商业化以全球为市场，三分靠内容，七分靠周边衍生产品；元宇宙的IP商业化看似将真正实现以全球为市场，实则依托小圈子进行商业化变现，七分靠内容，三分靠周边衍生产品。

举例来说，迪士尼的公主，靠故事赋予不同人物各异的人格；泡泡玛特的IP则是同一个人物的不同风格/系列，风格/系列即人格。经典人物的系列故事是靠故事取胜，以满足大众视听的故事为传播介质；泡泡玛特的IP则是以风格/系列来撬动大众对IP故事的兴趣。

娱乐圈中大多数明星具有较高的热度与曝光度的时间往往只有几年，容易昙花一现，而且随时存在"塌房"的风险。与之不同的是，一款IP一旦被成功打造出来，便能够沉淀出相对稳定的精神内核，通过对IP进行开发与衍生，又能够使其适应不同的用户群体，具有较长的商业化生命周期，能够带来更加持久与稳定的商业化回报，即产品一定有其生命周期，但IP却有可能长存。因此，打造IP并使其成功商业化是许多文娱公司努力的重要方向之一。

截至2021年，全球最赚钱的前五大IP分别为精灵宝可梦、Hello Kitty、米老鼠和他的朋友们、维尼熊、星球大战，其收入依次为1 090亿美元、885亿美元、829亿美元、810

第七章 虚拟人与 NFT 的交叉：新一轮的 IP 孵化与商业化

亿美元、694 亿美元（表 7–1）。它们源自某一原始媒体形式，在 IP 持有方的衍生开发后推广至不同的媒体类型，以及通过打造周边衍生品体系获得收入。从 IP 生命周期来看，精灵宝可梦属于较新的 IP，诞生至今也有 17 年，而迪士尼旗下的米老鼠系列 IP 诞生于 1928 年，距今持续了近 100 年，其形象仍然受到小朋友们的喜欢，体现了其经久不衰的生命力。

在全球范围内，以好莱坞为代表的美国公司与以任天堂、万代南梦宫为代表的日本公司具有较强的 IP 运营能力。相较而言，好莱坞公司在 IP 运营授权上更为成熟，2020 年华特迪士尼、华纳传媒、NBC 环球、Viacom CBS 授权商品的零售额分别为 540 亿美元、110 亿美元、75 亿美元、58 亿美元，分别排名全球第 1、第 4、第 6、第 7 位（表 7–2）。迪士尼又是好莱坞里 IP 运营最成熟、最早布局全产业链 IP 运营的公司，在上述榜单中迪士尼占有 8 个名额，且蝉联全球授权商第 1 名。以下我们将透过迪士尼来梳理好莱坞 IP 运营的模式。

在自研与收购双轮驱动之下，迪士尼打造了全球最丰富的 IP 资源库。迪士尼成立于 1926 年，最早为动画电影制作公司，1928 年迪士尼历史上最经典的 IP 形象"米老鼠"问世，标志着迪士尼 IP 创作的开端，此后唐老鸭、高飞等一系列高流量 IP 纷纷出现。2006 年，迪士尼正式以价值 74 亿美元的

表 7-1 2021 年全球最赚钱的前 20 大 IP

排名	IP 系列	诞生时间（年）	总收入（亿美元）	收入来源类型	原始媒体	IP 拥有方
1	精灵宝可梦	1996	1 090	衍生品授权、电子游戏、票房收益、家庭娱乐、战略指南等	电子游戏	宝可梦公司、任天堂
2	Hello Kitty	1974	885	衍生品授权、票房收益	礼品形象	三丽鸥
3	米老鼠和他的朋友们	1928	829	零售、票房收益、家庭娱乐	动画片	华特迪士尼
4	维尼熊	1924	810	零售、票房收益、DVD 销售	图书	华特迪士尼
5	星球大战	1977	694	衍生品授权、票房收益、家庭娱乐、电子游戏、电视收入等	电影	卢卡斯影业（华特迪士尼）
6	迪士尼公主	2000	464	零售、家庭娱乐	动画电影	华特迪士尼
7	面包超人	1973	449	零售、票房、博物馆	漫画绘本	FROEBEL 馆
8	漫威电影宇宙（MCU）	2008	362	票房收益、衍生品授权、票房收益等	电影	华特迪士尼、索尼、环球影业
9	马里奥	1981	348	电子游戏、衍生品授权	电子游戏	任天堂
10	哈利·波特	1997	322	票房收益、衍生品授权、图书销售等	小说	JK 罗琳（书籍）、华纳兄弟（电影）
11	变形金刚	1984	296	衍生品授权、图书销售、家庭娱乐等	动画系列	孩之宝、TAKARA TOMY

第七章 虚拟人与 NFT 的交叉：新一轮的 IP 孵化与商业化

续表

排名	IP 系列	诞生时间（年）	总收入（亿美元）	收入来源类型	原始媒体	IP 拥有方
12	芭比娃娃	1987	292	衍生品授权、家庭娱乐、票房收益	动画片	美泰
13	蜘蛛侠	1962	286	衍生品授权、家庭娱乐、电子游戏、票房收益等	漫画	华特迪士尼、索尼（电影）
14	蝙蝠侠	1939	277	零售、家庭娱乐、电子游戏等	漫画	DC 娱乐
15	龙珠	1984	277	衍生品授权、家庭娱乐、漫画销售等	漫画	鸟山明、集英社、东映动画、万代南梦宫
16	使命召唤	2003	270	电子游戏	电子游戏	动视暴雪
17	高达	1979	253	零售、票房收益	动漫	万代南梦宫
18	玩具总动员	1995	220	零售、票房收益、电视收入等	动画、电影	华特迪士尼
19	汽车总动员	2006	218	衍生品授权、票房收益、DVD 销售等	动画	华特迪士尼
20	指环王	1937	200	图书销售、票房收益、家庭娱乐等	小说	托尔金庄园（小说）华纳兄弟（电影）

资料来源：三文娱、维基百科的"媒体特许经营产品畅销榜"（List of highest-grossing media franchises），数据截至 2022 年 1 月 3 日

股票收购了皮克斯公司，紧接着在2009年以42.4亿美元的价格收购漫威娱乐，2012年以40.5亿美元的价格收购卢卡斯影业，2019年又以710亿美元的价格收购了21世纪福克斯。这四次大型收购对迪士尼而言具有里程碑的意义，帮助其极大地拓展了IP库。经过近百年的积累，迪士尼的片库中仅电影内容就有4900部实拍电影和400部动画电影。

表7-2 2020年全球授权商TOP10

排名	公司	2020年授权商品零售额（亿美元）
1	华特迪士尼	540
2	梅里迪斯集团	301
3	Authentic Brands Group	138
4	华纳传媒	110
5	孩之宝	78
6	NBC环球	75
7	Viacom CBS	58
8	宝可梦公司	51
9	Blustar Alliance	45
10	三丽鸥	39

资料来源：三文娱、License Global

目前，迪士尼运营的IP包括米老鼠和新秀《冰雪奇缘》等迪士尼自有IP，以及通过收购获得的《玩具总动员》《星球大战》《漫威超级宇宙》《阿凡达》和《国家地理》等IP，所运营的 IP 内容丰富且受众度广泛，获得了不同年龄层观众与消费者的喜爱。

迪士尼认为 IP 不该只是一部电影或者电视剧的单一作品，真正的 IP 运营应该是打造一个围绕 IP 的全产业链生态圈。1957 年，华特·迪士尼在好莱坞画下一张草图，电影是中心位，主题公园、电视剧、音乐、出版物（书籍、漫画、杂志）、授权及商品零售环环相扣，奠定了迪士尼 IP 商业化变现的思路。

迪士尼成立近百年来，业务布局也基本围绕华特·迪士尼先生的 IP 生态不断推进，公司从成立之初以动画电影制作为主业，打造了米老鼠等一系列经典的 IP 形象后，1955 年在洛杉矶落成首家迪士尼乐园。这是迪士尼开启线下乐园的开端，也是全球第一个现代意义的主题乐园，标志着迪士尼开始向主题乐园和度假村的业务版图扩张。2018—2019 年，迪士尼公司推出 Disney+、ESPN+、hulu，转战流媒体市场；2020 年 10 月，业务战略重组，流媒体成为媒体和娱乐发行业务的独立子板块，同时将主题公园和度假村业务、消费品和互动媒体业务进行整合。

迪士尼的商业模式是环环相扣的。首先，迪士尼高成本推出以 IP 故事为核心的电影，通过电影放映产生票房收益，这是第一轮利润；其次，通过在流媒体再次售卖版权，赚取第二轮利润；再次，迪士尼每放映一部卡通电影，就在主题公园中增加一个新的人物，形成线上线下的联动，促进游客在迪士尼等主题公园的消费，赚取第三轮利润；最后，通过IP特许授权、出版、零售"标签产品"等赚取第四轮利润，包括消费品、游戏、音乐原声大碟、舞台剧等。经过上述四轮商业变现，迪士尼几乎可以获得从制作、发行、有线电视与流媒体渠道、线下主题乐园及其他消费品等衍生环节的大多数利润，实现了IP价值的最大化（图7-1）。

图 7-1 迪士尼 IP 运营模式

资料来源：迪士尼公司公告

2021年迪士尼将业务板块进行了重新调整，目前分为媒体与授权、乐园与衍生品两大业务部门，其中媒体与授权部门囊括了流媒体、电视网络、内容发行与授权三类业务，乐

第七章 虚拟人与 NFT 的交叉：新一轮的 IP 孵化与商业化

园与衍生品部门包含迪士尼乐园体验、消费品两个细分业务。将五类细分业务与上述四轮利润获取进行大体划分，内容发行与授权业务获取第一轮利润，电视网络、流媒体业务获取第二轮利润，迪士尼乐园体验业务获取第三轮利润，消费品业务获取第四轮利润。

IP 内容是整个产业链上最为核心的环节，但是仅从收入占比来看，IP 授权并不是迪士尼收入贡献最高的业务。2021 年迪士尼内容发行与授权营业收入为 73.46 亿美元，电视网络收入为 280.93 亿美元，流媒体收入为 163.19 亿美元，迪士尼乐园体验收入为 112.12 亿美元，消费品收入为 53.4 亿美元，其收入占比分别为 10.75%、41.13%、23.89%、16.41%、7.82%，迪士尼内容发行与授权收入占比远不及来自渠道、线下乐园的收入贡献。

迪士尼内部有个著名的"火车头"理论：电影本身可以不赚钱，但是电影一定要拉动相关产业赚钱[①]。迪士尼不惜花重金制作甚至收购，以获得优质的 IP 内容。在 2021 年财报中，迪士尼预计 2022 财年在制作和授权内容（包括体育赛事转播权）上的支出将高达 330 亿美元，比 2021 财年高出约 80 亿美元。IP 本身的授权仅为迪士尼收入的一部分，迪士尼更

---

① 燕子建. 想 IP 营销？先读懂迪士尼［Z/OL］.（2020-04-23）. https://www.digitaling.com/articles/285599.html.

多寄希望于其对产业链下游环节的撬动作用，而下游环节产生的丰厚利润可以支撑影视制作业务上的成本投入，从而保证优质IP的持续产出，形成正反馈。

综上所述，好莱坞迪士尼的IP运营路径大体可以概括为：重金打造优质的内容，通过影视剧、漫画等不同的娱乐形式扩大影响力与知名度，然后在线上渠道（有线电视、互联网流媒体）与线下乐园获得收入，同时开发更多衍生品（如玩具、服装等）直接售卖给消费者，即不改变内核，通过变换渠道及呈现方式全面触达消费者来获得收入。

但是面向新一轮IP孵化，好莱坞的IP运营方式将面临很大的挑战。

第一，在走向元宇宙的过程中，外部的大环境将发生颠覆性的变化，现实与虚拟融合，时空边界被打破，这些反作用于人类内部的精神世界后将可能引起价值观、世界观的重塑，传统的普适价值观可能会面临一定的挑战。

第二，透过迪士尼卡通形象的演进，我们也能发现好莱坞IP的运营在适应时代的变化不断调整呈现形式（从2D到3D）及媒介（包括漫画、电视剧、电影），未来在元宇宙时代，其内容形式及渠道也将发生变化，好莱坞IP也需要跟随快速变化的环境，对内容做出合适的调整。

第三，对专业化 IP 来说，好莱坞 IP 运营模式获得巨大的商业化成功的重要前提是，好莱坞 IP 的内核是普适的情感，如爱、勇气、正义等，具有普遍的观众认可度与共情力，且过去在不同代际间未曾发生重大的变化。在此基础上，变化不同的载体或者呈现方式触及不同年龄层的消费者时，消费者因为具有较强的共情能力而愿意买单，因此能够获得巨大的商业化成功。而在元宇宙世界，具有专业度、辨识度、局部影响力的 IP 将成为主流，但专业内容具备认知门槛，在不同背景的受众间不具有普适性，跨受众的转化存在难度，很难产生全面的影响力，所以采用好莱坞 IP 运营模式能够触及的用户面有限，商业化能力大概率也会受到较大的限制。因此我们认为，新一轮 IP 孵化的逻辑将不同于好莱坞 IP 模式，预计将在逐步进化过程中找到新的路径。

好莱坞模式在机制上是高举高打、强者恒强——以电影这一最高等级的内容形态打造新 IP（制作成本高、失败概率不低），以全球范围内的 IP 知名度来做庞大的周边衍生品变现，以全球范围内各种维度的商业化变现反过来强化 IP 的知名度。元宇宙模式在机制上是锚定"商业化"来释放创造力——NFT 的机制赋予每位创作者均等的"呈现/显现"机会，更大概率形成链条较短的正反馈，以"小步快跑"的方式来激励创作者，从而使其充分释放创造力。

好莱坞模式更易打造垄断的商业模式，因此全球顶级 IP 阵营基本上由美国垄断；元宇宙模式更易打造充分竞争的商业模式，形成层出不穷的新 IP。

好莱坞的盈利模式是用少数成功 IP 来为多数不成功的 IP 兜底，且单一成功 IP 70% 的盈利靠周边衍生品；元宇宙的盈利模式则是新 IP 的成功概率都被拉高，但较难出现全球爆款，单一成功 IP 的盈利预计主要靠内容本身，而非周边衍生品。

好莱坞模式目前已愈加艰难，IP 产业链的"命门"在于创造力，越堆越高的制作成本大幅放大了好莱坞模式的风险敞口，进一步"贫瘠"化了新 IP 的孵化土壤；元宇宙模式脱胎于对创造力的呵护与释放，正准备扬帆起航。

第三节
IP 商业化门槛急剧提高

移动互联网时代经典的商业化方式，包括但不限于广告、游戏、电商、直播等方式。算法机制下的 IP 孵化门槛会大幅提高，一方面"确切的作品"需要适配算法的偏好；另一方面作品的表现形态会明显升级迭代。

NFT 加持下的商业化门槛看似"平权"，但两极分化会更严重，且昙花一现的 IP 将成为常态（来不及商业化或商业化不成功）。因此，对 IP 的要求是必须持续产出"确切的作品"，即人为延长"花期"。

在 IP 孵化与商业化难度急剧提高的元宇宙里，不妨简化一下，回归到如何在忠于自我的同时，创造 IP 孵化与商业化的巨大成功。

不同于过去的 IP 创作，在元宇宙时代，算法机制下的 IP 孵化门槛会大幅提高，体现在效率、审美、创新甚至是学习成本等方面。我们以"元宇宙投资六大版图"中的人工智能这一方向为例。

近两年，人工智能在技术与商业层面均有巨大进展，甚至是方向性改变。人工智能商业层面的一个方向性改变，最显著的是自动驾驶，促进了智能汽车行业的快速发展；另一个方向性改变则是在内容领域，AIGC 在 2022 年成为大众关注的热点，指的是一种通过 AI 技术来自动或辅助生成内容的生产方式，人通过输入指令，让 AI 去生成图片、文字、音频甚至视频等内容。

人工智能上一次吸引如此巨大的公众关注度，还要追溯至2016年，当时AlphaGo在围棋比赛中最终击败了韩国国手李世石。过去5年中，AI技术虽然在迭代发展，但更多是体现在to B的应用，技术的进步鲜少能够让消费者感知到。一项新技术从to B商业走向to C应用，到有初步的"杀手级"应用出现，则意味着AI技术已经进入我们的生活，开始服务社会。流行的背后是关键技术的突破，这个转变发生在2021年底2022年初。

在早期的AI应用领域，NLP更多是应用于自动续写小说、剧本等领域，而图形领域涉及的是CV、CG、视觉识别与自动驾驶。但图形与文字属于不同的内容形态，AI在两种形态之间的互相理解与应用是一个需要克服的技术难题。

此前应用较多的是由OpenAI提出的CLIP模型，这个模型使用已经标注好的"text-to-image"（文字生成图像）训练数据，一方面对文字进行模型训练，另一方面对图像进行另一个模型的训练，然后不断调整两个模型的内部参数，使得文字特征值与图像特征值能让对应的"text-to-image"确认匹配。

但这个在2021年上半年提出的模型一直没有很好的落地应用场景，直到2021年下半年结合了Diffusion模型。CLIP模型与Diffusion模型的结合不仅可以支持从文字直接生成图像，而且图像的水准已经成熟到可以在商业场景落地。此前，人们感受到的 AI 技术改革，很大程度上都是在于一些决策性行为，如人脸识别（是否为本人）、下棋（如何得出最优解）等。与早期的 AI 应用对比，目前的 AI 作画达到了文字生成图像的新阶段。此后，我们看到的就是大量 AI 作画应用扎堆出现，AI 作画被大众所认知。

2022 年，国内外的互联网大厂和创业公司都陆续发布了 AI 作图产品。2022 年 2 月，Disco Diffusion 推出 AI 图像生成平台；7 月，微软旗下的 OpenAI 推出新模型 DALL·E 2，并进行公测；8 月，Stability AI 推出 Stable Diffusion 工具，并开放注册。Midjourney、Make-A-Scene、NUWA 等平台也正在重新定义设计的想象力。

目前，海外的 AI 作画赛道已经跑出了独角兽公司。2022 年 10 月 18 日，Stable Diffusion 背后的 Stability AI 宣布获得来自 Coatue 和光速创投的 1.01 亿美元投资，投后估值攀升至 10 亿美元。相比于 DALL·E 等大模型，Stable Diffusion 让用户使用消费级的显卡便能够迅速实现"文生图"。此前的 AI 作图工具要耗费大量算力，且需半天到一天的生成时间，Stability AI 又在新模型上改进了机器运算的方式，大幅压缩了图像生成所需的内存和空间，从而实现从一天出图到一秒出图的巨大突破,对硬件要求也降到极低,促进了C端用户的使用。Stable Diffusion完全免费开源,所有代码均在GitHub上公开,任何人都可以复制使用。因此,在用户层面,Stable Diffusion获得了较大的成功。目前,Stable Diffusion已经有超过20万名开发者下载和获得授权,各渠道累计日活用户超过1 000万人(表7-3)。

表7-3 AI作图工具Stable Diffusion与Disco Diffusion对比

项目	Stable Diffusion	Disco Diffusion
首次推出时间	2022年8月22日	2021年10月29日
目前迭代版本	2	5.0
速度	出图快,平均10—20秒	初代版本慢,数十分钟才能生成一张图片;Midjourney改进后较快,平均1分钟出图
费用	免费且开源,部署本地代码可无限次免费使用,通过DreamStudio文字生成有一定免费额度点数,生成图片或更高清图片需要消耗特定点数,充值点数10英镑1 000点	免费,但算力有限,估计能生成二三十张图片,长时间未操作会被系统识别并踢出,若要保持运行需要充值会员
人物表现	人物风景均可	适合风景,人物略逊色
图片大小	默认512×512像素和768×768像素,2.0版本采用Upscaler Diffusion模型,可以将图像的分辨率提高4倍,图片分辨率可以达到2 048×2 048甚至更高	适中,默认1 280×768像素

续表

项目	Stable Diffusion	Disco Diffusion
方便程度	方便，无须科学上网	一般，依赖谷歌平台，需要科学上网
新版本特性	新的扩散模型提升图像质量并加入图像深度信息，目前能够快速转换出和原始版本完全不同的图片但仍然保留连贯性和深度信息，切换图像的某些部分变得更容易	5.0版本更新了3D动画模式和VR模式，并对算法进行了相应的升级
用户数	超过1 000万用户	—

资料来源：Stable Diffusion 和 Disco Diffusion 官网

国内公司也迅速跟上，在2022年7月的百度世界大会上，百度现场展示了AIGC的能力，只用1秒就完成了对古画《富春山居图》残卷的修复，这正是基于百度开发的飞桨和文心大模型技术。目前百度已经上线了中文版的AI作画工具"文心一格"。除了百度，在创业公司方面，也有诸如彩云小梦、Tiamat、6pen Art、MuseArt等公司进行了尝试。

2022年9月，红杉资本的两位合伙人Sonya Huang和帕特·格拉迪（Pat Grady）发表了一篇名为《生成式AI：一个充满创造力的新世界》(*Generative AI: A Creative New World*)的文章。文章指出：人类不仅擅长分析事物，也擅长创造、写诗、设计产品、制作游戏、编写代码。从严格意义上讲，机器还没有机会在创造性工作上与人类竞争——它们被降格为只做分析和机械性的认知工作。但最近，机器开始尝试创造有意义和美丽的东西，这个新类别被称为"生成式 AI"，这意味着机器正在生成新的东西，而不是分析已经存在的东西。

同时，红杉资本也提出，"生成式 AI"让机器开始大规模涉足知识类和创造性工作，这涉及数十亿人工劳动力。从社交媒体到游戏，从广告到建筑，从编程到平面设计，从产品设计到法律，从市场营销到销售，每一个原来需要人类创作的行业都等待着被机器重新创造。"生成式 AI"可以使这些人工的效率和创造力至少提高 10%，未来预计能够产生数万亿美元的经济价值。

由此可见，AI 生成内容的"星星之火"开始燎原。2022 年 AI 作画如火如荼，市场上具备不同美学风格的图像模型和用于编辑和修改生成图像的不同技术陆续出现。未来我们可以期待 AI 应用的新赛道，从图像到语音合成、视频或 3D 模型的规模落地。AI 语音合成虽然已经出现一段时间，但消费者和企业应用才刚刚起步。AI 视频和 3D 模型则远远落后，这是更广阔的场景，囊括了电影、游戏、虚拟现实、建筑和实物产品设计等大型创意市场。

红杉资本合伙人在文中述及："正如移动设备通过 GPS、

摄像头和网络连接等新功能释放了新类型的应用程序一样，我们预计这些大型模型将激发生成式 AI 应用程序的新浪潮。就像十年前移动互联网被一些'杀手级'应用程序打开了市场一样，我们预计生成式 AI 的'杀手级'应用程序也会出现，比赛开始了。"

AIGC 的出现确实大幅降低了人们的创作门槛，随着平台层的稳固，模型也会变得更好、更快和更便宜。AIGC 可以将创造性和知识性工作的边际成本降至零，提高劳动生产率，产生巨大的经济价值。但 AIGC 无限拓展和输出的特性也引出了一个具备争议性的话题，即 AI 取代人工是否会对现有从业者产生冲击？

在某些重复性和非创造性劳动的领域，AI 确实能够取代人工劳动力，如客服、导游、导购等。但对画师这一职业而言，虽然目前 AI 作画的质量甚至其创造力和想象力都不一定比人类画师差，甚至已经有给 AI 打杂的精修插画师工种诞生，但从工具的角度看，现阶段 AI 对人类需求的理解还不够准确，生成的图像并不能完全匹配提示词。由此可见，至少就现阶段而言，AI 还不能完全替代内容创意工作者。

这当然与技术的发展阶段有关。李彦宏曾判断 AIGC 将走过三个发展阶段：第一个阶段是"助手阶段"，AI 用来辅助人类进行内容生产；第二个阶段是"协作阶段"，AI以虚实并存的虚拟人形态出现，形成人机共生的局面；第三个阶段是"原创阶段"，AI将独立完成内容创作。

技术的目的是将人从机械劳动中解脱出来，释放人的创作想象力。未来在元宇宙时代，这一目的表达了技术演进给内容生产带来的变革。我们认为，AIGC工具带来便捷的同时，也使得内容领域的竞争变得更加激烈，IP商业化的门槛会急剧提高。原因在于，在内容领域，长远来看底层技术与模型并不是壁垒，内容本身的创意才是壁垒。因此，AI作图的本质是文字与艺术的共性——想象力。正如Midjourney创始人大卫·霍尔兹（David Holz）所说："AI艺术是想象力的发动机。"

极具创意的艺术是人类精神世界以自身独有的方式能动地认识并表现世界，承载了一代人甚至几代人的思想观念与精神意志，是基于认知、技艺，并依赖直觉、灵感、情感，所进行的审美性精神创造活动。所以，最顶尖的艺术具有原创性、独特性、个体性特征，如凡·高、毕加索、莫奈、达·芬奇等人，在人类历史上的成就都是独一无二的。

第四节
商业化平台类公司：新贵崛起

在本轮 IP 孵化与商业化的新逻辑中，有四类公司：兼具 IP 孵化和商业化的公司、只有 IP 孵化的公司、商业化的平台型公司、只有某一项 IP 商业化能力的公司。

寻找元宇宙时代的"六大投资方向"，兼具 IP 孵化和商业化的公司将是元宇宙时代"皇冠上的明珠"——真正的王者，价值最高。

内容类公司的估值永远明显高于变现类（具备某一项商业化能力）。这是为什么？元宇宙时代可能会更加呈现"内容为王"的凌厉，纯粹的商业化变现类公司可能会在估值上进一步降低。

从数量上看，首先主营业务为商业化的公司必然数量最多，其次是 IP 公司，最为稀缺的当属兼具 IP 孵化与商业化能力的公司。除此之外，基于应用、场景、模式的平台类公司，有可能会大批量崛起（较移动互联网时代更百花齐放）——

对 IP 方而言，商业化门槛在提高且 IP 孵化的门槛也明显提高，与特定平台合作、IP 与平台各司其职、分配比例更合理的模式预计将占据主流，这类以 NFT 为机制的平台类公司，或将是元宇宙时代最大的新机遇所在（图 7-2），具体原因如下。

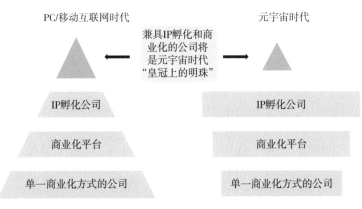

图 7-2　PC/ 移动互联网时代与元宇宙时代的公司对比

首先，在移动互联网时代，UGC 或 PUGC 喷涌而出、源源不断，故流量后期的分发环节竞争极为激烈。在算法的机制下，"初面"定生死——内容上传至平台后，平台的第一轮推送相对公平，但后续的推送则视第一轮推送的"反馈"而定，极端情况下，在第一轮推送后，绝大多数内容从分发价值的角度已被判定为"毫无价值"。因此，在移动互联网后期，酒香不香都怕巷子深。元宇宙作为新一代计算平台，一开始就承载着打破这一局面的希冀。

其次,历经持续多年的经营与积累,以平台为核心的分发体系已建立起相对稳定的进入壁垒,如不同的平台流量逻辑不同、流量经营模式不同、偏好的创作者不同。同时,同一平台不同时期的流量政策的导向也在持续变化,经营模式也可能会变化,偏好也会有交替更迭。对内容创作者而言,在当下的分发环节,各平台的充分竞争已形成隐形的进入门槛。在元宇宙时代,打通不同分发平台的商业化公司有望应运而生(有产业价值)。

再次,商业化平台的商业模式在元宇宙时代有望得到明显优化。商业化平台在移动互联网时代需要耗费大量的精力,去维系内容创作者的聚集与稳定,且盈利较为困难,这一状况有望在元宇宙时代彻底改变。在元宇宙时代内容创作者的技术门槛在提高,有助于商业化平台与创作者的利益更深度绑定,从而构建更稳健的商业模式。如大量的 AI 创作者可以成为平台的资产项,从而对冲平台最大的风险——创作者因各种原因(如其他平台短时间内政策极其优渥)集体流失;人作为创作者,未来也将更依赖技术要素,对平台的依存度明显提高,从而构建更为稳健的合作模式。

最后,相较于以算法为灵魂的移动互联网平台,元宇宙时代的商业化平台会叠加更多技术要素的加持，如 AI、虚拟现实等。算法是分发的标配，但更进一步，商业化平台将以更多的技术要素投入去加持创作者或创作环节，技术要素的积累将成为商业化平台的竞争门槛。如 AI 作为技术要素，并非简单购买即可投入使用，而是需要长时间的运行迭代，且需要数据库的支持，因此商业化平台在元宇宙时代将更具资源禀赋并发挥自身的竞争优势。这样的禀赋与优势，均是建立在长时间积累的基础上，所以抗风险能力明显提高。

因此，承载希冀、有产业价值、商业模式更稳健、更具抗风险能力的商业化平台，将成为元宇宙时代 IP 产业链上最大的新机遇所在。

第五节
AIGC 将助力新一轮的 IP 孵化与商业化

《新硬件主义》一书认为，中国在硬件入口方向上的胜率与赔率，均不如分布式垂类硬件，AIGC 作为 AI 的消费级应用，是中国本土极为擅长的。AIGC 出现的产业意义是消费级

第七章 虚拟人与 NFT 的交叉：新一轮的 IP 孵化与商业化

人工智能时代的真正到来（图 7–3）。

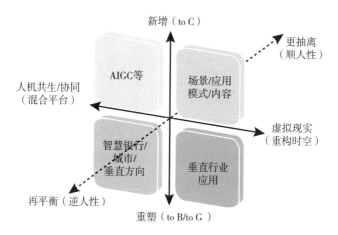

图 7–3 八面来"风"的场景：未来十年的风口

借助 Midjourney、Lensa 与 ChatGPT 等应用及工具，消费级人工智能时代终于到来了！在我们的研究框架中，其架构于"人机共生 / 协同"与"to C"两个维度的交叉处。

AI 过往一直广泛应用于 to B、to G 的领域，这也是国外科技巨头擅长的领域，而中国凭借移动互联网时代的 to C 建设经验，最擅长的就是 to C 领域的应用推广。

AI 是生产力，AIGC 是基于生产力的诸多成果。对于本轮 IP 孵化来说，AI 与 AIGC 是双翼，带动 IP 新一轮的大批量孵化,"to C"领域的输出将呈现真正的百花齐放和百家争鸣。

一方面,AI带来新的创作者(人的数字人、虚拟数字人、机器人),AI加持于人,将释放出很多创造力,产生大量作品,AI的输出数量与品质将有条不紊地得到提升。另一方面,借助于AI,人作为创作者的创作范围将明显放宽,如作家的理解力、认知力、专业领域的积累,可以借助AI大大拓展。一位元宇宙领域的作家,依照他对元宇宙的理解,可以创作元宇宙风格的画、拍摄元宇宙风格的视频、创作元宇宙里的建筑物、创作元宇宙里的系列物品……单个用户的创作范围将急剧拓展。

IP新一轮的孵化与商业化,是关乎创作与显现的系统认知。这份系统认知能帮助到谁?入局方。不论是企业还是个体入局方,都需要界定好自己入局时的身份——人?人的数字人?虚拟数字人?机器人?当然,也可以选择一种以上的身份种类,比如以"人+人的数字人"的两重身份,在元宇宙中寻找适配自己的创作与显现。

创作是一种表达,在新IP被孵化的过程中,需要持续的"确切的作品"。IP孵化与商业化是可以分工协作的,但为了更好地实现商业化,IP孵化过程中亦需要多考虑商业化合作

第七章 虚拟人与 NFT 的交叉：新一轮的 IP 孵化与商业化

伙伴的偏好，以辅助自己创作的"显现"。

从 IP 的角度，商业化在元宇宙有了新玩法——NFT 用自己的"魔法棒"，赋予全体创作者以全球流动性，这是最大的惊喜，亦是元宇宙的精髓之所在。但流动性是双刃剑，一方面带来 IP 孵化与商业化门槛的急剧提高，另一方面加剧两极分化。置身于充分竞争的全球市场，是入局方的幸事；被给予更广阔的空间与可能性，亦是入局方的"劫数"——怎样选定专业度与辨识度以打造出影响力？怎样才能避免昙花一现？

从商业化的角度，NFT 加持下的元宇宙中，天王巨星级别的 IP 孵化难度急剧提高，自身的业务及商业模式如何适配更多、更广泛、影响力呈现为分布式的 IP？除了广告、电商（包括直播），还有什么方式？如何致力于成为平台型商业化公司？元宇宙时代的商业化路径首先要配置全面——有哪些？如何构建完备？

在元宇宙这个虚拟现实的新时空，到处都是红利，是新蓝海的入口，亦是冒险者的乐园，这一轮的 IP 孵化与商业化更多是站在供给方的角度（也适用于用户作为需求方，去对抗熵增）。本书的最后，仍然是强调供给方的"科技向善"，这是移动互联网尚未作答的一道"送分题"。

后　记

元宇宙尚在建设过程中，其先进生产力刚刚露出"尖尖角"，对用户的影响和对当下生产关系的冲击就已开始彰显。可预期的是，从现在开始，这样的彰显会一浪胜过一浪，直到元宇宙建设成型并开始囊括现实物理世界，一切终将被重塑。

元宇宙包罗万象，细拆"六大投资版图"的每一个方向，都有很多值得探讨的地方。本书则从具体的两个落地方向——虚拟人与NFT展开了分析。看似是从六大投资版图的内容与应用端出发，实际上虚拟人与NFT的背后涉及诸多相关技术，甚至关系到生产力与生产关系的重构，本书分层次对其进行了拆解分析。最后，我们指出，虚拟人与NFT的交集将开启新一轮的IP孵化与商业化。

相较于 PC/ 移动互联网时代，元宇宙时代的最大变数之一，是用户种类从单一的"人"大幅度扩大至人、人的数字人、虚拟数字人、机器人的并集。其中，人的数字人是我们当下比较能够理解的范畴，指向当前由 CG 建模或 AI 驱动的我们自己的数字人，又可进一步分为数字化身与数字分身，各自应用的场景不同、功用不同。虚拟数字人需要与前一种相区分，其跟现实物理世界的人没有关系，指的是在元宇宙中数字原生出的虚拟人。机器人，即虚拟数字人的机器人，也可称为人工智能体、人类增强等，指的是虚拟数字人反向映射回现实物理世界的显现。与此同时，这 4 类用户能衍生出 6 类交互方式，社交关系也会更加复杂，预计会数倍于现实物理世界。

我们可以将 NFT 的铸造理解为数字世界的"注册制"，NFT 铸造的过程标记了某一用户对于特定资产的所有权，凭借区块链技术不可篡改、记录可追溯等特点记录产权并确保真实性与唯一性。NFT 作为一种机制，代表的是"平权"的理念，赋予每一位用户将拥有的资产打造为 NFT 的权利，而且资产形式不受限制，可以是任何一种内容创意、资源、权益等。NFT 作为一种机制，金融属性最为突出，与此同时也带来了投机炒作及潜在的洗钱等风险，这源于国内外的政策制度尚不完善。但未来在元宇宙中，NFT 的底层技术与机制不可获取，是元宇宙世界运行的精髓之所在。所以，我们放眼未来，NFT 的发展任重而道远，需要技术的进步、政策的配套，以推动行业更好地向前。目前 NFT 的潜力还未充分开发出来，其作用于未来的魅力更大。

虚拟人与 NFT 的意义重大。一方面，虚拟人是人进入元宇宙的身份，虚拟人让人作为元宇宙的用户，被赋予了去尝试应用"分身"与"化身"的机会。"分身"可以给用户的时间加杠杆，"化身"可以在时间与空间上给人的主观能动性大幅加杠杆。另一方面，继 PC 互联网时代的匿名化社交、移动互联网时代的实名制社交后，元宇宙将开启新一轮匿名化社交，叠加 2D 向 3D 的升维、更多感官体验，匿名化社交预计能释放出更多的社交活力，占据用户更多的"时长"与"可支配收入"。从技术上来看，虚拟人是 AI 的定向产业化，即定向于元宇宙中人的身份映射的产业化过程，背后包括 AI 生产虚拟人的形象，AI 驱动虚拟人的表情、动作等。从应用上来看，虚拟人很可能是元宇宙这一新时空构建过程中所有基础设施建设的"圆心"之所在——其他的构建围绕虚拟人。

NFT 的命门一定是"向前看"，去孵化与孕育新"明星"，即不是聚焦当下已有的 IP 进行 NFT 化，而是着眼于未来进行创作或基于已有IP去做一些创新。在元宇宙中，创造力是唯一的"增值性资产"。过往的IP以NFT的机制重塑，成功的概率为50%；然后以NFT的方式运营（商业化），用户买单与否仍不确定，成功的概率为50%。因此，旧有的"IP + NFT"模式，效用仅能发挥出四分之一。NFT作为一种机制，其作用或价值的体现一定是基于IP或"确切的作品"。作为IP或"确切的作品"，其价值的呈现，核心是被认同。基于NFT的机制，"确切的作品"交易链条越长，价值空间越广阔，且单一环节的流动性越好或换手率越高，单一环节的价值重估幅度越大。NFT作为一种机制，虽然"平权"（对所有用户而言），但并非"平均"（对不同的作品或IP而言），NFT的机制会让资产估值两极分化更严重，顶级的IP一定会过度泡沫化。

回到具体的商业模式方面，虚拟人与NFT对当下的重构也会重塑企业的"三张报表"。以身份型虚拟人为例，在变现收入端，虚拟偶像与真人明星类似，计入相关收入项；而在成本端，虚拟偶像与真人偶像存在较大的不同，虚拟偶像可以沉淀为数字资产，作为无形资产而存在。总体而言，虚拟人革新了"轻资产"公司的资产负债表，大幅优化利润表，进而促进相关公司的业务模式、盈利模式发生实质性改变。

虽然虚拟人的制作会增加企业的"成本"，但可以大幅降低企业的"销售费用"。不同于身份型虚拟人，服务型虚拟人的外在形象并不是核心要素。在经济效益上，两者最大的区别在于，身份型虚拟人可以为企业提升营收水平，服务型虚拟人可以降低企业运营成本。

而NFT的价值重估作用，则体现为明显放大资产负债表中"资产"的量级。在商业模式上，NFT对内容型公司而言，最直接的效益是能够盘活现有的IP资产，让很多老IP焕发新生再次变现。NFT背后的技术释放了数字经济中一直未被开发的部分，区块链与Web3.0带来了新的协议，也带来了新的数据作为生产资料的价值分配。价值分配将为中小企业带来丰沛的经营性现金流，使其能够生存发展。

虚拟人与NFT的交集，将开启新一轮的IP孵化与商业化，这一轮的逻辑变化更大。从NFT加持IP的商业化视角看，这一轮的IP孵化需要具有专业度、辨识度、局部影响力。新IP的孵化门槛提高，竞争更激烈，体现在效率、审美、创新甚至是学习成本等方面。以近期火热的"AI作画"为例，AIGC看似大幅降低了人们的创作门槛，使得"人人都能成为创作者"，但这也意味着内容领域的竞争度提升，IP商业化的门槛急剧提高。

这里与当下设想的不同主要有以下几处。

首先，元宇宙并非当下现实物理世界运转、交互的镜像或线性映射，非常考验想象力。比如现实物理世界中的学校需要大量的宿舍，元宇宙中的学校还需要宿舍吗？举目四望，当下所有的构建，基本上都是简单的线性映射这样错误的操刀方式。

其次，元宇宙看似"平权"，赋予了人作为用户的NFT机制，但大家一定要警惕，元宇宙赋予的平权机制，是面向所有用户，包括人，也包括人的数字人、虚拟数字人、机器人（这也是本书最有价值的地方之一）。所以，人作为用户，如何处理与其他用户的关系，其实是所有人需要面对的第一课题。逃避是没用的，建设性的方法是共存，但在共存的画面中，谁协助谁？这是个让人警觉的问题。

再次，若有余力，我们希望读者跳出元宇宙这个"焦点"，看向"智能"的真正实现。元宇宙只是智能真正实现的技术路径之一，所以人作为用户进入元宇宙的同时，也需要注意，人的身体作为"硬件"，未来也有可能走向一条迭代甚至重塑之路。在此之前，我们需要将更多精力放在身体这一"硬件"的保养上。

最后，再聚焦人作为用户进入元宇宙后的运行。作为普通用户,"确切的作品"是用户在元宇宙中运行的"命门",也是与其他用户协作共存的"法门",但"确切的作品"背后是创作与显现,"创作"是我们一直在强调的、对用户的基本要求,但在某些时候,"显现"其实更为重要。因此,对于构建"用户"生态、经营"用户"逻辑的入局方,很多应用、场景、模式的跑通,更多是基于如何协助用户的"显现",这可能是未来元宇宙中最大的增量部位。我们期待"显现"部位的百花齐放,同时也希望入局方们勿忘对"向善"的前置。